Ernährungs-Doc
Dr. med. Matthias Riedl

DER HAFER-
MASTERPLAN

unter Mitarbeit von Bettina Snowdon
und mit Rezepten von Elena Hitz

INHALT

DIE ICONS BEI DEN REZEPTEN

 Vegetarisch/Vegan

 Antientzündlich

Proteinreich

 Laktosefrei

 Low Carb

HAFER SCHMECKT UND HILFT

Schade, dass Hafer in unserer Ernährung noch immer ein Nischendasein führt. Nur etwa vier Kilogramm des einst in Mittel- und Nordeuropa verbreiteten Hauptnahrungsmittels schaffen es heute pro Kopf und Jahr auf unsere Teller. Oder genauer: in unsere Müslischalen, zum größten Teil in Form von Flocken. Zum Vergleich: Der Weizenverbrauch liegt hierzulande seit Jahren bei über 70 Kilogramm pro Kopf und ist damit enorm hoch. Dabei ist so viel Weizen alles andere als gesund. Immerhin steht das Allroundgetreide im Verdacht, in den von uns konsumierten Mengen dick und krank zu machen. Weizen kann Unverträglichkeits- und allergische Reaktionen auslösen und ist daher in letzter Zeit geradezu zum Buhmann unter den Getreiden geworden.

Hafer hilft dagegen sogar, uns von etlichen Zivilisationskrankheiten zu heilen beziehungsweise uns vor ihnen zu schützen. Er ist definitiv die gesündeste unserer traditionellen Getreidesorten – und schmeckt dabei auch noch richtig gut. Kaum nachvollziehbar, dass er fast nur im Müsli einen bescheidenen Auftritt bekommt. Hafer hat erwiesenermaßen vor allem auf den Blutzuckerspiegel eine so beeindruckende Wirkung, dass mehrtägige Haferkuren sogar medizinisch angewendet werden. Er wirkt aber nicht nur Diabetes und einer Insulinresistenz entgegen, sondern kann beispielsweise auch sehr effektiv den Blutdruck und den Cholesterinspiegel senken. Er ist gut für die Verdauung, hilft bei einer Fettleber und bei entzündlichen Erkrankungen wie Rheuma oder Asthma. Es ist also mehr als lohnenswert, dem Hafer wieder mehr Aufmerksamkeit zu schenken und ihn in den täglichen Speiseplan einzubauen. Regelmäßige Haferkuren, bei denen über wenige Tage ausschließlich Hafer gegessen wird, sind dabei besonders wirkungsvoll. Hafer kann auch längerfristig Medizin ersetzen!

Ich zeige Ihnen in diesem Buch, welche Vorzüge Hafer hat und wie seine besonderen Inhaltsstoffe wirken. Dazu stellen wir eine strenge und eine gemäßigte Form der Haferkur vor und geben mit einem eigens konzipierten 2-Wochen-Masterplan Beispiele, wie Sie das Getreide bei jeder Mahlzeit lecker in die Alltagsküche einbauen können. Mit Hafer bleiben beziehungsweise werden Sie mit Genuss gesund!

Herzlichst Ihr

BASICS

Kein anderes Getreide hat so viele Vorzüge wie Hafer:
Er begeistert uns mit seinem wunderbaren Geschmack,
versorgt uns mit wichtigen Ballaststoffen, mit viel Eiweiß,
Mineralstoffen, Vitaminen und Spurenelementen – und er hat
noch ein besonderes Ass im Ärmel: Mit seinem Ballaststoff
Beta-Glucan wirkt Hafer wie eine natürliche Medizin.

WAS HAFER SO WERTVOLL MACHT

Hafer kann man zu Recht als das gesündeste unserer Getreide bezeichnen: Er liefert so viele gute Nährstoffe wie keine andere Getreidesorte. Zudem tut er sich mit Inhaltsstoffen hervor, die sogar medizinische Wirkung haben.

Und dennoch ist nicht Hafer, sondern Weizen unser täglich Brot. Back- oder Teigwaren basieren meist auf Weizen, wurde das Getreide doch gezielt nicht nur auf hohe Erträge, sondern auch auf allerbeste Back- und Verarbeitungseigenschaften gezüchtet. So essen wir täglich Weizen, und das nicht zu knapp. Das ist weder eine ausgewogene noch eine artgerechte Ernährung – bedenkt man, dass es unseren frühen Vorfahren nur möglich war, wenige Körner zu sammeln, und wir evolutionär noch nicht daran angepasst sind, immer dasselbe Getreide in großen Mengen zu essen. Mehr Abwechslung auf den Tellern würde uns guttun. Für unsere Gesundheit wäre es ein Gewinn, den Weizen zugunsten von Hafer zu reduzieren.

Mindestens 30 Gramm Ballaststoffe sollte man täglich essen, um den Darm gesund zu halten. Ohne Getreide ist diese Menge kaum zu schaffen, denn nur wenige andere Alltagslebensmittel enthalten so viele Ballaststoffe. Bei Gemüse sind es durchschnittlich ein bis zwei Gramm. Pilze und Hülsenfrüchte haben zwar etwas mehr zu bieten, stehen dafür aber bei den meisten von uns nicht täglich auf dem Speiseplan.

Die Haferpflanze besitzt natürlicherweise eine große Widerstandskraft. Weil sie aufwendiger zu ernten ist, wurde sie jahrhundertelang wenig beachtet und damit im Gegensatz zu manch anderem Getreide kein Opfer von Überzüchtung. Selbst in der konventionellen Landwirtschaft hat das den Vorteil eines geringeren Pestizideinsatzes. Ganz im Gegensatz zum hochgezüchteten Weizen: Das auf Rekorderträge gepimpte Getreide kann nur durch den massiven Einsatz von Chemie Gewinne einfahren. Hafer ist also von Beginn an weniger belastet und schon allein aus diesem Grund die gesündere Wahl. Damit stellt er einen guten Kompromiss zwischen moderner, artgerechter Landwirtschaft und ursprünglicher Ernährung dar.

◊ Mineralstoffe und Spurenelemente

Hafer enthält doppelt so viel Eisen wie Fleisch. Der Mineralstoff liegt zwar in einer für den menschlichen Körper weniger gut verwertbaren Form vor, aber hier hilft der bekannte Trick, die Verfügbarkeit durch die gleichzeitige Zufuhr von Vitamin C zu verbessern, zum Beispiel in Form von Obst und Gemüse. Zudem zeigen neue Untersuchungen, dass Eisen aus pflanzlichen Lebensmitteln besser verfügbar ist als bisher gedacht. Das macht Müsli oder Porridge mit Obst zu einem wertvollen Eisenlieferanten. Daneben kann Hafer mit den Spurenelementen Mangan und Kupfer punkten. Beide spielen eine Rolle beim Bindegewebsaufbau. Mangan ist zudem für starke Knochen wichtig.

Bei den Mineralstoffen sind vor allem Magnesium und Phosphor zu erwähnen. Magnesium wird in die Knochen eingebaut, besitzt eine Schlüsselrolle bei der Reizleitung und aktiviert Enzyme.

Phosphor hat als Bestandteil des Energieträgers ATP eine wichtige Aufgabe bei vielen Stoffwechselprozessen. So sorgt es während des Wachstums für die Knochenentwicklung.

◊ **Vitamine**

Mit dem höchsten Gehalt an Vitamin B1 (Thiamin) unter allen Getreiden sorgt Hafer für starke Nerven und fördert die Konzentration. Schon 100 Gramm Hafer decken rund 40 Prozent des Tagesbedarfs. Das im Hafer enthaltene Biotin fördert die Gesundheit von Haut, Haaren und Nägeln. Dazu kommt Folsäure, die unter anderem hilft, rote Blutkörperchen zu bilden, sowie Vitamin K für Knochen und Zähne.

◊ **Sekundäre Pflanzenstoffe**

Beim Gehalt an sekundären Pflanzen- und antioxidativ wirksamen Stoffen hat Hafer unter den Getreiden ebenfalls die Nase vorn. Auch wenn die vielfältigen Wirkungen sekundärer Pflanzenstoffe noch lange nicht gänzlich erforscht sind, steht fest, dass sie viele positive gesundheitliche Effekte haben. Der sekundäre Pflanzenstoff Avenanthramid kommt sogar ausschließlich im Hafer vor. Dieser besitzt eine antiatherogene Wirkung, das heißt, er schützt die Gefäße vor Oxidation und Ablagerungen. Er ist damit gut für Herz und Kreislauf und wirkt zudem antientzündlich.

◊ Fett und Eiweiß

Mit sieben Gramm Fett pro 100 Gramm nimmt Hafer zwar die Spitzenposition unter den Getreiden ein. Der größte Anteil besteht jedoch aus gesunden einfach und mehrfach ungesättigten Fettsäuren. Wegen seines hohen Eiweißgehalts von 13,5 Gramm pro 100 Gramm (bei Haferkleie liegt der Wert sogar noch höher) gilt Hafer als bestes Fitnessfood, denn Eiweiß unterstützt den Muskelaufbau und sorgt für lang anhaltende Sättigung. Der größte Teil des Hafereiweißes besteht aus essenziellen Aminosäuren, die der Körper nicht selbst bilden kann. Die biologische Wertigkeit liegt mit 60 im Mittelfeld. Sie sagt aus, wie viel Eiweiß in körpereigenes umgewandelt werden kann. Das klingt zunächst nicht sensationell, doch in Kombination mit tierischen Eiweißlieferanten wie Milch(-produkten), Fleisch, Fisch und Eiern, aber auch mit Nüssen kann die biologische Wertigkeit kräftig gesteigert und Hafer zu einer wertvollen Proteinquelle werden.

◊ Kohlenhydrate

Der Kohlenhydratgehalt von Hafer liegt unter 60 Prozent, davon ist nur ein verschwindend geringes Prozent Zucker. Weizen hat mit fast 80 Gramm Kohlenhydraten auf 100 Gramm einen deutlich höheren Kohlenhydratanteil. Bis auf den winzigen Zuckeranteil sind es komplexe Kohlenhydrate, die im Hafer in einer langkettigen Form vorliegen. Er sorgt dadurch für ein lang anhaltendes Sättigungsgefühl und lässt den Blutzucker kaum ansteigen, da die langen Ketten nur langsam in einzelne Glukosemoleküle abgebaut werden. Auch die Zusammensetzung der Stärke ist beim Hafer anders – sie besteht zu einem besonders hohen Anteil aus Amylose und Amylopektin. Dass Amylopektin in der Industrie beispielsweise auch zur Herstellung von Kleister, Kleb- und Schmierstoffen verwendet wird, lässt es schon ahnen: Dieser Stärkebestandteil ist für die charakteristische Schleimbildung beim Erhitzen von Hafer zuständig.

◊ Ballaststoffe

Sie sorgen nicht nur für einen gesunden Darm, indem sie die Verdauung regulieren, sondern können auch das Risiko für Diabetes und Herz-Kreislauf-Erkrankungen mindern. Während unlösliche Ballaststoffe vor allem die Darmpassage beschleunigen und das Stuhlvolumen erhöhen, werden lösliche Ballaststoffe von Darmbakterien zu kurzkettigen Fettsäuren abgebaut, die positiv auf die Darmfunktion wirken. Die löslichen Ballaststoffe selbst, auch Quellstoffe genannt, legen sich zudem als Schutzschild auf die Darmschleimhaut, wo sie Schadstoffe binden können. Hafer enthält etwa zehn Prozent Ballaststoffe.

WUNDERWIRKSTOFF BETA-GLUCAN

Einen großen Teil seiner erstaunlichen Heilwirkung verdankt Hafer einem ganz besonderen löslichen Ballaststoff, dem Beta-Glucan. Gut die Hälfte der im Hafer enthaltenen Ballaststoffe bestehen daraus.

Beta-Glucan hat eine ausgesprochen hohe Viskosität und Bindungsfähigkeit. Damit kann es besonders gut eine Schutzschicht auf der Darmwand bilden. Aber es kann noch mehr: Es bindet Gallensäuren und senkt damit den Cholesterinspiegel, beeinflusst den Blutzuckerspiegel positiv und schützt die Darmschleimhaut (siehe Seite 22). Beta-Glucan kommt auch in anderen Getreidesorten vor: In Gerste ist der Gehalt geringfügig höher als im Hafer, Weizen, Roggen und Co. verfügen über einen deutlich geringeren Anteil. Doch Beta-Glucan ist nicht gleich Beta-Glucan. Bei jedem Getreide liegt es in einer etwas anderen Zusammensetzung vor. Und gerade das spezifische Hafer-Beta-Glucan besitzt zusammen mit dem von Gerste diese besonderen gesundheitlichen Wirkungen.

Grundsätzlich können Sie daher statt Hafer auch Gerste verwenden, allerdings ist die Palette an kulinarischen Möglichkeiten bei Gerste deutlich begrenzter. Es ist daher nicht so einfach, Gerichte mit Gerste wirklich häufig in den Speiseplan zu integrieren. Als Ergänzung und kulinarische Abwechslung ist sie aber gut geeignet. Allerdings hat Hafer neben Beta-Glucan noch weitere wertvolle Nährstoffe in Mengen zu bieten, die Gerste nicht erreicht.

Natürlich findet sich Beta-Glucan auch in vielen anderen Lebensmitteln, jedoch nur in sehr geringen Mengen. Erwähnenswert sind noch Pilze (insbesondere Shiitake), Hefe und Algen. Dort liegt es aber in einer anderen Struktur vor und hat eine entsprechend andere Wirkung, die vor allem auf die Stimulierung des Immunsystems zielt, also die Abwehrkräfte stärkt. Auf den Cholesterin- und Blutzuckerspiegel hat dieses Beta-Glucan keinen Einfluss.

Auch als Nahrungsergänzungsmittel wird der Ballaststoff angeboten. Von Nachteil ist hierbei allerdings, dass die Wirkstoffe isoliert wurden. Für die Cholesterinspiegelsenkung beispielsweise sind aber vermutlich neben den Ballaststoffen auch andere bioaktive Substanzen im Hafer wie Phytosterine und Polyphenole wichtig. Um die beste Wirkung zu erzielen, sollten Sie daher immer auf das ganze, möglichst unverarbeitete Lebensmittel setzen.

HAFERPRODUKTE

Mehr als Haferflocken im Müsli fällt vielen zum Thema Hafer nicht ein. Auf dem Frühstückstisch sieht man ihn deshalb auch am häufigsten. Dabei kann man mit Hafer weitaus mehr anfangen. Schauen wir uns also einmal die Palette an Haferprodukten an und was diese zu bieten haben.

HAFERFLOCKEN

Bei der industriellen Produktion werden die Haferkörner mit Hitze behandelt, um Enzyme zu denaturieren. Das verhindert ein schnelles Ranzigwerden der fettreichen Flocken, schadet aber auch hitzeempfindlichen Inhaltsstoffen. Die Spelzen werden dann vom Korn getrennt und anschließend werden die Körner unter großem Druck zwischen zwei Walzen flach gedrückt. Außer dem Mehlkörper bleiben so auch Keimling, Samenschale und ein Großteil der Nährstoffe erhalten.

Kernige (grobe) Haferflocken bestehen aus Körnern, die im Ganzen gewalzt und dann getrocknet werden. Dadurch haben sie einen kernigen Biss. Für zarte (feine) Haferflocken werden die Körner zunächst klein geschnitten und erst dann gewalzt. Daher haben sie eine zarte Konsistenz und schmelzen leichter. Für zartschmelzende (lösliche) Haferflocken wird Hafermehl über ein spezielles Verfahren zu Flocken gewalzt. In Flüssigkeit lösen sich diese sofort auf.

Was sind Vollkorn-Haferflocken?

In manchen Rezepten und gelegentlich sogar auf Produktverpackungen ist von Vollkorn-Haferflocken zu lesen. Genau genommen ist dieser Begriff zwar nicht falsch, aber trotzdem Unsinn – wird damit doch fälschlicherweise impliziert, dass es auch Haferflocken geben muss, die nicht aus dem vollen Korn bestehen. Alle Haferflocken, egal ob zart oder grob, enthalten aber stets alle Bestandteile des vollen Korns, sind also immer Vollkorn-Haferflocken. Meist sind damit vermutlich die groben beziehungsweise kernigen Flocken gemeint, in der irrtümlichen Annahme, die grobe Struktur sei ein Hinweis auf die Verwendung des ganzen Korns.

Was sind glutenfreie Haferflocken?

Hafer kann durch andere Getreide mit (Weizen-)Gluten verunreinigt worden sein, zum Beispiel bei der Ernte, der Lagerung oder beim Transport. Für Menschen mit Zöliakie sind diese geringen Mengen schon problematisch. Als „glutenfrei" angebotene Haferflocken werden bei keinem Verarbeitungsschritt mit anderen Getreiden vermischt. So werden Verunreinigungen vermieden.

Sind kernige Haferflocken gesünder als zarte?

Eine Studie aus dem Jahr 2010 zeigt, dass der Gehalt an resistenter Stärke in den groben Flocken etwas höher ist als in feinen. Da resistente Stärke positiv auf die Darmflora wirkt, sind grobe Haferflocken unter diesem Aspekt tatsächlich etwas gesünder als feine. Der Unterschied ist allerdings gering.

Ist Granola so gesund wie pure Haferflocken?

Die beliebte Frühstückszutat besteht aus mit Zucker oder Honig und Fett gebackenen Haferflocken. Es schmeckt zwar lecker süß, aber wegen seines hohen Zuckergehalts ist gekauftes Granola nicht die gesündeste Art, Haferflocken zu genießen. Macht man Granola hingegen selbst, kann man den Zuckergehalt bewusst regulieren.

HAFERKÖRNER

Hafer kann man natürlich auch im Ganzen kaufen. Die Körner lassen sich ebenso wie Reis kochen und für Salate, Risotto oder Beilagen verwenden. Die Kochzeit beträgt etwa 30 Minuten und kann durch vorheriges Einweichen verkürzt werden. Will man aus Haferkörnern Keimlinge ziehen (siehe äußere Umschlagklappe hinten), sollte man unbedingt darauf achten, dass man dafür den noch keimfähigen Nackthafer verwendet. Seine Körner sind nicht von dicken, unverdaulichen Spelzen umhüllt, die erst entfernt werden müssen, damit das Korn genießbar ist. Beim Nackthafer wurden diese Spelzen weitestgehend weggezüchtet. Da er deshalb auch nicht erhitzt werden muss, wird er auch Sprießkornhafer genannt, denn das Korn ist weiterhin sprießfähig und hat einen besonders hohen Anteil an Nährstoffen. Leider ist Nackthafer nicht so ertragreich und wird daher in der konventionellen Landwirtschaft kaum angebaut. Er ist im Handel eher aus Bioanbau zu finden.

HAFERREIS

Zur Verwendung im Ganzen werden auch reisförmig polierte, geschälte Haferkörner angeboten, die sich genauso wie Reis zubereiten lassen. In dieser Form kann der Hafer besser Flüssigkeit aufnehmen und ist schneller gar. Haferreis war vor etwa hundert Jahren ein gängiges Lebensmittel für alle Gerichte, von Suppen über Hauptspeisen bis Desserts. Der „Reis" ist in 15 Minuten gegart und schmeckt nussig-cremig.

HAFERGRÜTZE

Für Hafergrütze wird das Korn mittelgrob geschrotet und ebenso hitzebehandelt wie die Flocken. Die Körnung liegt irgendwo zwischen Grieß und Graupen. In dieser Form ist die Grütze auch Ausgangspunkt für feine Haferflocken. Hafergrütze unterscheidet sich also nur in der Form von Flocken. Sie wird gerne für Porridge, Breie und Suppen verwendet.

HAFERMEHL

Wegen seines hohen Fettgehalts ist Hafermehl nicht so lange haltbar wie Mehle aus anderen Getreidesorten: Es wird schneller ranzig. Nur mit Hafermehl können Sie gut flaches Gebäck wie Pizza backen. Auch für besonders nahrhafte Brote, Brötchen und Muffins ist es in Kombination mit proteinhaltigen Zutaten wie Quark, Joghurt, Mandeln oder Nüssen geeignet. Will man eher lockeres Brot, Kekse oder Kuchen genießen, sollte man das Hafermehl zu einem Drittel bis zur Hälfte durch glutenhaltiges Weizen- oder Dinkelmehl ersetzen. Der Teig geht sonst nicht so gut auf und wird zäh.

Hafermehl ohne Mühle selbst machen – so geht's:
Einfach Haferflocken mit dem Pürierstab oder dem Mixer so lange pürieren, bis sie zu feinem Mehl verarbeitet sind. Bei kleinen Mengen tut es auch der Mörser oder die Kaffeemühle.

HAFERKLEIE UND HAFERKLEIE-FLOCKEN

Haferkleie stammt aus den äußeren Schichten des Haferkorns, also aus Randschichten und Keimling. Sie ist auch in Flockenform erhältlich. In der Kleie stecken die größten Mengen an Vitaminen, Mineralstoffen, Eiweiß und Ballaststoffen. Sie enthält anteilig doppelt so viel Beta-Glucan wie das ganze Korn. Kleie kann in Müslis und Haferbrei verwendet werden, eignet sich als Zutat für Gebäck, Smoothies oder Joghurt und kann dem Teig von Bratlingen beigemischt werden. Für die Haferkur ist sie pur weniger geeignet, da sie wegen ihres hohen Ballaststoffgehalts schwerer verdaulich ist und der Brei sehr zäh würde. Vorsicht: Haferkleie vergrößert im Magen ihr Volumen um ein Vielfaches und damit auch das Stuhlvolumen. Das regt die Darmtätigkeit an. Es ist wichtig, viel zu trinken, wenn man Haferkleie isst, sonst kann es im schlimmsten Fall zu einem Darmverschluss kommen.

HAFERDRINK

Haferdrink, im Volksmund auch Hafermilch genannt, wird gerne als Milchersatz verwendet. Er schmeckt nussig wie Hafer. Die Gehalte an Eiweiß und Kalzium beispielsweise sind geringer als in Kuhmilch. Damit der Drink als vollwertiger Milchersatz dienen kann, werden im Handel oft mit Eiweiß und Kalzium angereicherte Produkte angeboten. Bei der industriellen Herstellung wird der zerkleinerte Hafer mit Wasser und je nach Herstellungsweise auch mit einem Ferment gemischt, das Stärke teilweise zu Zucker abbaut. Die unlöslichen Bestandteile werden ausgesiebt, es entsteht Hafermilch. Beim Kauf immer darauf achten, dass keine Zusatzstoffe enthalten sind. Oder Sie bereiten Ihren Haferdrink selbst zu (siehe Seite 32).

HAFER-CUISINE

Hafer-Cuisine ist ein pflanzlicher Sahneersatz, der aus Haferflocken, Wasser, Öl und einem Verdickungsmittel wie beispielsweise Johannisbrotkernmehl gemixt wird. Bei manchen Produkten werden auch Emulgatoren, Stabilisatoren und andere Zusätze verwendet. Je nach Zusatzstoff kann die Hafersahne dann auch wie Schlagsahne geschlagen werden. Verwendbar ist Hafer-Cuisine genauso wie klassische Sahne.

GRÜNER HAFERTEE

Der Tee wird aus dem ganzen Haferkraut hergestellt, das zur Blütezeit geerntet wird. Er wirkt ausgleichend auf den Säure-Basen-Haushalt und lindernd bei Verdauungsbeschwerden. Zudem hat er entzündungshemmende, beruhigende und nicht zuletzt blutzucker- und cholesterinsenkende Eigenschaften.

WO HAFER HEILEND WIRKEN KANN

Schon in der Antike wusste man die heilenden Qualitäten des Hafers zu schätzen. Noch bis in die 1960er-Jahre hinein wurde dieses Wissen selbst in unseren Krankenhäusern genutzt, um die Insulingabe reduzieren zu können. Erst in den letzten Jahren hat man diese Heilwirkungen wiederentdeckt.

Heute sind die vielfältigen positiven Wirkungen hafereigener Beta-Glucane in der Medizin so zweifelsfrei belegt, dass für Hafer sogar mit Health Claims, also der gesundheitlichen Wirkung, geworben werden darf. Lebensmittel, die auf Hafer basieren, dürfen ab einem gewissen Beta-Glucan-Gehalt zum Beispiel mit dem Hinweis gekennzeichnet werden „Hafer-Beta-Glucan verringert nachweislich den Cholesteringehalt im Blut" oder „Der Verzehr von Beta-Glucanen aus Hafer oder Gerste als Teil einer Mahlzeit trägt zur Reduktion des Blutzuckerspiegels nach dem Essen bei". Damit ist klar: Hafer und auch Gerste helfen, uns vor vielen weitverbreiteten Zivilisationskrankheiten zu schützen oder sogar davon zu heilen. Und zwar so erfolgreich, dass dem Hafer im Jahr 2017 die Auszeichnung „Arzneimittel-

pflanze des Jahres" verliehen wurde. Das Korn selbst ist also das Heilmittel, nicht etwa Medikamente oder Nahrungsergänzungsmittel mit isolierten Inhaltsstoffen.

Hafer ist in der Regel besser verträglich als viele andere Getreidesorten. Er enthält viele gesunde und lebenswichtige Inhaltsstoffe – und im Gegensatz zu bisweilen bitteren Arzneien schmeckt er auch noch hervorragend. Wer Hafer einen angemessenen Platz in seiner Ernährung einräumt, macht also alles richtig! Und wer bereits unter Diabetes, Fettstoffwechselstörungen, einer Fettleber, Bluthochdruck, Darmproblemen oder entzündlichen Erkrankungen wie Asthma, Rheuma oder Neurodermitis leidet, der hat mit Hafer eine natürliche Medizin, mit der sich die Krankheit lindern oder sogar heilen lässt. Ein toller Nebeneffekt, den ich regelmäßig bei meinen Patienten beobachte: Ihre Motivation, sich grundsätzlich besser zu ernähren, steigt, wenn sie sehen, wie gut die Hafertage wirken.

Vergessen und wiederentdeckt
Den positiven Effekt auf die Gesundheit entdeckte der Entwickler der Haferkur, der Mediziner und Diabetologe Carl von Noorden, bereits Anfang des 20. Jahrhunderts. Seine „Haferdiätkur" setzte er über viele Jahre mit großem

Erfolg bei der Behandlung der Zuckerkrankheit ein. Nach Entdeckung der Insulinbehandlung 1921 geriet die Haferkur jedoch weitgehend in Vergessenheit, schließlich hatte man jetzt eine medikamentöse Methode gefunden, die man für fortschrittlicher hielt.

Inzwischen weiß man aber, wie wichtig eine ausgewogene und pflanzenbetonte Ernährung bei der Prävention und Behandlung von Krankheiten ist. Daher beruft man sich in den letzten Jahren wieder verstärkt auf die bewährte Erkenntnis. Hafer in der Ernährung sowie Hafertage und -kuren werden von Medizinern und Ernährungsberatern mehr und mehr empfohlen und mit Erfolg durchgeführt. Dabei ist die Bandbreite der Stoffwechselstörungen, die auf Hafer ansprechen, enorm.

Haferkuren unter Anleitung

Wer sich die Durchführung einer Haferkur zu Hause nicht zutraut und die Kur gerne unter stetiger ärztlicher Begleitung durchführen möchte, hat in manchen Kurkliniken die Möglichkeit dazu. Diese bieten im Rahmen des Kuraufenthalts zum Beispiel für Diabetiker und Herzpatienten neben der schulmedizinischen Behandlung zwei- oder mehrtägige Haferkuren an.

DIABETES UND INSULINRESISTENZ

Bei der Behandlung von Diabetes mellitus Typ 2 erweist sich Hafer als ganz besonders effektives Heilmittel, wie mithilfe etlicher Studien eindrücklich nachgewiesen werden konnte. Selbst einzelne Hafermahlzeiten üben bereits einen positiven Effekt auf den diabetischen Stoffwechsel aus, ganze Haferkuren sind umso wirksamer. Neuere Studien belegen eindeutig, dass eine ärztlich begleitete Haferkur bei Typ-2-Diabetes den Stoffwechsel quasi wieder „auf null" stellen und selbst einen außer Kontrolle geratenen Blutzucker stabilisieren kann. Die Studienteilnehmer konnten die Medikamenten- und Insulinmenge teilweise deutlich reduzieren. Bereits nach einer zwei- bis dreitägigen Haferkur konnten die Insulingaben bei einigen Teilnehmern um mehr als 40 Prozent reduziert werden.

Besonders hilfreich scheint die Haferkur bei schon ausgeprägter Insulinresistenz zu sein. Erkennbar ist eine fortgeschrittene Insulinresistenz unter anderem daran, dass die Blutzuckerwerte auf Behandlungsmethoden kaum mehr ansprechen und die Gewichtsabnahme fast unmöglich zu sein scheint. Typ-2-Diabetikern kann ich daher nur ans Herz legen, dem Hafer mehr Aufmerksamkeit einzuräumen oder – noch besser – regelmäßige Haferkuren einzulegen. Vor allem bei insulinpflichtigen Diabetikern muss dies jedoch unter ärztlicher Aufsicht geschehen, denn der Blutzucker kann rasch absinken, was zu einer Unterzuckerung führen kann. Der Insulinbedarf muss entsprechend angepasst werden. Bei Insulingabe gilt als grobe Faustregel, die Dosis zu halbieren.

▶ WISSENSWERTES IN ALLER KÜRZE

Insulin sorgt für den Transport von Blutzucker aus dem Blut in die Zellen. Werden aber dauerhaft durch eine häufige hohe Kohlenhydrataufnahme große Insulinmengen benötigt, kann das System entgleisen. Die Folge ist, dass Insulin immer schlechter wirkt und dem Blutzucker kaum noch den Weg in die Zellen bahnen kann. Man spricht dann von Insulinresistenz, der Vorstufe von Diabetes. Ein zu hoher Blutzucker führt auf Dauer zu Gefäß- und Nervenschädigungen. Als Reaktion auf die verminderte Insulinwirkung setzt die Bauchspeicheldrüse zunächst immer mehr Insulin frei, bis dieses gar keine Wirkung mehr entfalten kann: Ein Typ-2-Diabetes hat sich entwickelt. Das Insulin im Blut hemmt außerdem die Fettverbrennung, sodass die Betroffenen immer mehr an Gewicht zulegen. Typ-2-Diabetes ist also eine Erkrankung, die viel damit zu tun hat, wie man sich ernährt. Auch ausreichend Bewegung hat einen großen positiven Einfluss. Der Lebensstil kann demnach wesentlich dazu beitragen, den Zuckerstoffwechsel wieder in den Griff zu bekommen oder ihn zumindest über viele Jahre hinweg zu normalisieren.

▶ WARUM HAFER HILFT

Ein kompletter Kohlenhydratverzicht ist bei Diabetes nicht nötig, die Kohlenhydrate sollten aber einen niedrigen glykämischen Index (GI) haben. Je höher der GI eines Lebensmittels, desto schneller gelangt der Zucker (Glukose) daraus ins Blut. Hafer hat einen geringeren Kohlenhydratanteil als die meisten anderen Getreidesorten – und dabei handelt es sich fast ausschließlich um komplexe Kohlenhydrate, die nur langsam abgebaut werden. Der GI von Hafer liegt bei dem niedrigen Wert von 40.

Zugleich wichtig ist ein hoher Ballaststoffkonsum, denn Ballaststoffe bremsen die Aufnahme des Zuckers. Von den wertvollen Pflanzenfasern hat Hafer reichlich zu bieten (siehe Seite 10). Und nicht zu vergessen: seine Wunderwaffe, der besonders wirksame Ballaststoff Beta-Glucan. Er bildet mit der Flüssigkeit aus der Nahrung ein zähflüssiges Gel, das Nahrungsbestandteile und Nährstoffe einschließt, und sorgt dafür, dass die gesamte Nährstoffaufnahme im Darm und der Nährstofftransport ins Blut verlangsamt werden, also auch der von Glukose. Entsprechend steigt auch der Blutzuckerspiegel nur langsam an und es kommt nicht zur gefürchteten Blutzucker-Achterbahnfahrt. Das System bleibt gesund und intakt und ein bereits entgleistes System kann sich wieder regulieren. Das alles macht Hafer zum idealen Getreide für Diabetiker.

Doch wie viel Hafer braucht es, um von der Wirkung des Wunder-Ballaststoffs zu profitieren? Kurz gesagt: Jedes Gramm Beta-Glucan zählt! Optimal für Diabetiker sind regelmäßige Haferkuren. Darüber hinaus können auch Hafertage aus unserem Masterplan helfen, die Insulinresistenz zu reduzieren.

Ist Hafer für alle Diabetiker zu empfehlen?

Vereinzelt wird von Fällen berichtet, bei denen Hafer den Blutzuckerspiegel von Diabetikern sogar mehr erhöht als andere Getreide. Der Mechanismus dahinter ist noch nicht klar. Man vermutet, dass eine spezielle Zusammensetzung des Darmmikrobioms dafür verantwortlich sein könnte. Wer noch keine Erfahrung mit Hafer gemacht hat, sollte den Blutzuckerspiegel anfangs regelmäßig messen.

FETTSTOFFWECHSEL-STÖRUNGEN

Ein erhöhter Cholesterinspiegel, auch Hypercholesterinämie genannt, ist die verbreitetste Fettstoffwechselstörung. Das Risiko für Gefäßverengungen besteht vor allem dann, wenn das sogenannte LDL-Cholesterin (siehe Seite 20) erhöht ist. Hafer kann bewirken, dass sowohl das Gesamtcholesterin als auch das LDL gesenkt werden, und damit das Risiko für Gefäßverengungen relevant reduziert wird. Studien zeigen, dass sich das Gesamtcholesterin durch regelmäßigen Haferkonsum um bis zu 15 Prozent senken lässt. Dafür ist eine tägliche Aufnahme von drei Gramm Beta-Glucan notwendig. Diese lassen sich etwa mit 70 Gramm Haferflocken, 50 Gramm Haferkleie oder einer Kombination von 45 Gramm Haferflocken mit 20 Gramm Kleie erreichen. Auch andere Risikofaktoren wie erhöhte Triglyceridwerte werden reduziert.

In einer im Jahr 2021 veröffentlichten Doppelblindstudie konnte bei der Gruppe, die täglich drei Gramm Beta-Glucan aufnahm, schon nach vier Wochen ein um sechs Prozent reduziertes Gesamtcholesterin gemessen werden. Das Risiko für Herz-Kreislauf-Erkrankungen war gegenüber der Kontrollgruppe um acht Prozent vermindert.

Cholesterin gehört zu den Blutfetten und ist lebenswichtig. Im Wesentlichen übernehmen zwei verschiedene Eiweißstoffe, die Lipoproteine, den Transport für Fette im Blut. Während das HDL (High Density Lipoprotein) überschüssiges Cholesterin aufnimmt und zum Abbau in die Leber befördert, transportiert es das LDL (Low Density Lipoprotein) von der Leber in die verschiedenen Gewebe und Zellen. Ist der LDL-Wert erhöht und befindet sich infolgedessen mehr Cholesterin im Blut, können sich Fettablagerungen an den Gefäßwänden bilden: Das Blut kann nicht mehr ungehindert fließen und es droht Herzinfarkt oder Schlaganfall.

▶ WARUM HAFER HILFT

Cholesterin dient unter anderem als Vorstufe für Gallensäuren, die in der Leber gebildet werden. Diese helfen bei der Fettverdauung und werden nach Gebrauch in der Leber recycelt, wofür wiederum geringe Cholesterinmengen benötigt werden. Da Beta-Glucan Gallensäuren bindet, werden diese daraufhin ausgeschieden und stehen nicht mehr zur Verfügung. Das heißt: Neues Cholesterin muss aus dem Blut bereitgestellt werden, um die Möglichkeit zur Fettverdauung aufrechtzuerhalten. Die positive Folge: Der Blutcholesterinspiegel sinkt.

NICHTALKOHOLISCHE FETTLEBER

Die Fettleber ist ein häufig unentdecktes Leiden, weil sie lange Zeit keinerlei Beschwerden verursacht. Ein Symptom, das sich jedoch erst recht spät zeigt, können leichte Schmerzen im rechten Oberbauch sein. Unter einer Fettleber leiden heutzutage 15 bis 30 Prozent aller Erwachsenen – und das längst nicht nur alkoholbedingt. Eine Fettleber kann durch einen langfristig hohen Zuckerkonsum entstehen, dazu kommt noch mangelnde Bewegung.

▶ WISSENSWERTES IN ALLER KÜRZE

Eine Fettleber kann sich entwickeln, wenn chronisch viel Zucker aufgenommen beziehungsweise im Blut vorhanden ist, wie es bei Diabetes und Übergewicht der Fall ist. Vor allem Fruktose (siehe Kasten rechts) wird dann in der Leber in Fett umgewandelt und gespeichert. Eine Fettleber kann bei genetischer Veranlagung jedoch auch bei schlanken, normalgewichtigen Menschen vorkommen. Langfristig entstehen durch die Fetteinlagerungen Entzündungen und Vernarbungen und letztlich eine Leberzirrhose. Ist die Leber schwer geschädigt, lässt sich dies nicht mehr rückgängig machen. Deshalb ist bei der Diagnose Fettleber dringend Handlungsbedarf angesagt.

Der Eiweißgehalt von Hafer ist mit über 13 Gramm pro 100 Gramm im Vergleich zu anderen Getreidesorten besonders hoch. Und das Eiweiß ist es unter anderem, das bei einer Fettleber neben einer Reduzierung von Zucker und mehr und regelmäßiger Bewegung helfen kann. Für Typ-2-Diabetiker gibt es bereits mehrere Studien, die die positive Wirkung eines hohen Eiweißverzehrs von etwa 30 Prozent nachweisen. Bei ungefähr der Hälfte der Teilnehmer nahm das Leberfett um mehr als 50 Prozent ab. Warum das so ist, ist noch nicht gänzlich geklärt. Hafer senkt zudem die Blutfettwerte, was ebenfalls dazu beiträgt, dass weniger Fett in der Leber eingelagert werden kann.

Worin ist Fruktose enthalten?

Unser Haushaltszucker Saccharose besteht zur Hälfte aus Fruktose. Auch in Obst, besonders in Weintrauben, Exoten und Kernobst ist sie enthalten. Gefährlich wird es, wenn der bei uns seit einigen Jahren zugelassene Fruktose-Glukose-Sirup dazukommt – in der Lebensmittelindustrie ist er wegen der guten Verarbeitungseigenschaften beliebt und wird gerne und reichlich eingesetzt. So kommt man schnell auf ungesunde Verzehrmengen.

BLUTHOCHDRUCK

Ein zu hoher Blutdruck schädigt die Gefäßwände und kann so einen Schlaganfall oder Herzinfarkt begünstigen. Hafer wirkt diesem Risiko auf vielfältige Weise entgegen und kann helfen, den Blutdruck auf ein gesünderes Maß zu senken. So konnte in einer Studie, bei der die Teilnehmer sechs Wochen lang täglich 5,5 Gramm Beta-Glucan (entspricht etwa 120 Gramm Haferflocken) aßen, eine Senkung sowohl des systolischen als auch des diastolischen Blutdrucks gemessen werden. Doch auch geringere Mengen (drei Gramm täglich) zeigen positive Wirkungen.

▶ WISSENSWERTES IN ALLER KÜRZE

Ein zu hoher Bluthochdruck ist meist das Resultat gleich mehrerer Risikofaktoren wie Übergewicht, Stress, Alkoholkonsum und Bewegungsmangel. Dazu kommt eine mögliche Natriumsensitivität, also eine Empfindlichkeit gegenüber Salz. Dabei ist die Ausscheidung von über die Nahrung aufgenommenen hohen Mengen an Natrium eingeschränkt. Deshalb ist es äußerst ratsam, bei Bluthochdruck den Salzkonsum zu reduzieren. Der steigende Druck in den Gefäßen schädigt die Gefäßwände und erhöht das Herzinfarkt- und Schlaganfallrisiko. Auch die Nieren können zum Beispiel auf Dauer beeinträchtigt werden.

Indem es den Blutzucker- und Cholesterinspiegel senkt, sorgt das Hafer-Beta-Glucan bereits dafür, dass sich weniger Ablagerungen in den Gefäßen bilden und das Blut besser fließen kann. Dazu kommt die gefäßschützende Wirkung des sekundären Pflanzenstoffs Avenanthramid. Da Hafer zudem besonders salzarm ist, trägt er zu einer salzreduzierten Ernährung bei. Und mit seinem hohen Gehalt an Kalium, dem natürlichen Gegenspieler von Natrium, schützt er zusätzlich.

DARMGESUNDHEIT UND MIKROBIOM

Ballaststoffe sind aus mehreren Gründen gut für die Verdauung. Während wasserunlösliche Ballaststoffe vor allem durch ihre Fähigkeit, Wasser zu binden, für Volumen sorgen, können die löslichen von den Darmbakterien als „Futter" genutzt werden. Sowohl lösliche als auch unlösliche Ballaststoffe sind im Hafer reichlich vorhanden.

Wissenschaftliche Studien zeigen, dass das wasserlösliche Beta-Glucan zu kurzkettigen Fettsäuren abgebaut wird, die das Wachstum guter Darmbakterien anregen, also das Mikrobiom verbessern. Damit ist eine gute Grundlage für die Darmgesundheit gelegt.

Die Gesamtheit aller Darmbakterien wird Mikrobiom genannt. Die Zusammensetzung des Mikrobioms ist individuell verschieden und einzigartig. Ein intaktes Mikrobiom spielt eine wichtige Rolle für unsere Gesundheit. Es sorgt für eine gute und geregelte Verdauung, stärkt das Immun- und das Herz-Kreislauf-System, stabilisiert die Psyche und schützt vor Darmkrebs, Diabetes und Übergewicht. Indikatoren für einen gesunden Darm sind ein pH-Wert zwischen 5,5 und 6,5 im Dickdarm (also eine saure Umgebung) und das hohe Vorkommen an kurzkettigen Fettsäuren. Diese sind wichtige Energiequellen für die Zellen des Darms, aber auch anderer Organe.

Im Hafer hält sich der Anteil von löslichen und unlöslichen Ballaststoffen etwa die Waage. Beide haben positive Effekte. Bei den löslichen Ballaststoffen spielt wieder das Beta-Glucan, das den Hauptanteil der löslichen Hafer-Ballaststoffe ausmacht, eine entscheidende Rolle. Bei seinem Abbau entsteht ein Gel, das sich schützend auf die Darmschleimhaut legt und schädliche Substanzen bindet, die so rasch ausgeschieden werden können. Die dabei entstehenden kurzkettigen Fettsäuren senken den pH-Wert im Dickdarm.

Für ein gesundes Mikrobiom: Stress lass nach!

Aktuelle Studien zeigen: Chronischer Stress kann die Darmflora negativ beeinflussen und die Bakterienvielfalt im Darm deutlich reduzieren. Vor allem die Anzahl der willkommenen Bakterienarten nimmt unter Dauerstress ab. Achten Sie daher im Alltag auf ausreichend Pausen und Entspannung (zum Beispiel in Form von Atem- und Achtsamkeitsübungen). Und bauen Sie regelmäßig Haferkuren oder -tage in Ihre Ernährung ein.

ENTZÜNDLICHE ERKRANKUNGEN

Einige Erkrankungen wie Asthma, Rheuma, Neurodermitis, Arthritis, Multiple Sklerose, Morbus Crohn und Colitis ulcerosa sind auf entzündliche Reaktionen an verschiedenen Stellen am beziehungsweise im Körper zurückzuführen. Hier kann mit der richtigen Ernährung gegengesteuert werden. Bei Babys konnte beispielsweise in Studien eine Verbesserung von Asthma nachgewiesen werden, wenn diese frühzeitig Hafer bekamen. Neurodermitis kann durch die äußere Anwendung von Hafercremes oder sehr feinem Hafermehl gelindert werden. Hier wirkt die Wasserbindungsfähigkeit des Hafers positiv.

▸ WISSENSWERTES IN ALLER KÜRZE

Viele Erkrankungen, die augenscheinlich keine Gemeinsamkeiten aufweisen, entstehen durch Entzündungen im Körper. Nicht selten handelt es sich um Autoimmunreaktionen, also Reaktionen des Immunsystems auf körpereigene Stoffe. So entstehen unter anderem Rheuma, Neurodermitis oder Asthma.

▸ WIE HAFER HILFT

Die Mikroorganismen im Darm bauen das Beta-Glucan im Hafer zu kurzkettigen Fettsäuren ab, was für ein gesundes Mikrobiom und damit auch für ein starkes Immunsystem sorgt. Wie man heute weiß, sind die Darmbakterien ein wichtiger Teil des Immunsystems. Sie regen die Abwehrzellen im Blut an. Beta-Glucan fördert die Aktivität von Immunzellen, die Entzündungsherde im Körper eindämmen. Die entzündungshemmende Wirkung von Beta-Glucan konnte in zahlreichen Studien belegt werden. Darüber hinaus ist Hafer als Tee auch ein altbewährtes Hausmittel gegen Rheuma. Hier sind es Kieselsäure und entzündungshemmende Flavonoide, die lindernd wirken. Die Fettsäuren Butyrat und Propionat, die bei der Verstoffwechselung von Beta-Glucan entstehen, können Gliazellen reparieren, bestimmte Nervenzellen, die beispielsweise bei Multipler Sklerose geschädigt sind.

DREI BEISPIELE, DREI VORBILDER

Eine Haferkur kann wirklich erstaunliche Verbesserungen bei verschiedenen Erkrankungen bewirken. Wie eindrucksvoll effektiv sie ist, zeige ich hier anhand von drei Beispielen aus meiner Praxis.

Drohender Diabetes abgewendet

Die 55-jährige Verwaltungsangestellte Anke F. litt an einem erhöhten Nüchternglukosewert, der Vorstufe von Diabetes, sowie an Übergewicht. Mit 180 mg/dl war auch das LDL-Cholesterin zu hoch. Zu diesen Risikofaktoren kam noch eine erbliche Komponente, denn nahezu alle ihre Verwandten leiden an Typ-2-Diabetes. Anke F. war sich der Gefahren bewusst, deshalb war es ihr wichtig, ihr Gewicht zu reduzieren, den Blutzucker zu senken und damit das Risiko für die Entwicklung eines

Diabetes zu mindern. Der Blutzuckerlangzeitwert lag bei 6,2 % und war damit bereits leicht erhöht. Durch eine Ernährungsumstellung wollte Anke F. auf sanfte Art Gewicht verlieren und ihren Blutzucker in den Griff bekommen. Sie entschied sich, regelmäßig (möglichst einmal im Monat) eine dreitägige Haferkur durchzuführen. Nach einem Jahr hatte sie auf diese Weise 15 Kilo abgenommen. Das LDL-Cholesterin sank auf 130 mg/dl, der Langzeitwert des Blutzuckers lag zum Schluss bei 5,6 % und damit im gesunden Bereich. Anke F.: „Das hat mir keine Mühe gemacht. Ich fühle mich jetzt auch viel besser und habe mich an Hafer gewöhnt. Er schmeckt mir richtig gut und ich setze ihn generell viel häufiger in der Küche ein."

99

Triglyceride gesenkt

Steffen B., Student, normalgewichtig, 25 Jahre alt, litt an einer Hypertriglyceridämie, also der Erhöhung einer Komponente des Fettstoffwechsels. Eine nicht alltägliche Kombination, da die Triglyceride meist bei Übergewicht, schlecht eingestelltem Diabetes oder Alkoholmissbrauch erhöht sind. All das lag bei dem jungen Mann nicht vor. Als er von der Haferkur erfuhr, fiel es ihm nicht schwer, über Monate regelmäßige Hafertage durchzuführen. Als Folge sanken die Triglyceride von 750 auf 250 mg/dl und damit fast in den normalen Bereich. Dazu Steffen B.: „Lieber nehme ich gesunden Hafer zu mir als Tabletten. Der typische Hafergeschmack ist Teil meines Lebens geworden." Eine weitere Senkung der Triglyceride erreichte Steffen B. mit mehr gesunden Fetten: Er erhöhte die Aufnahme von Omega-3-Fettsäuren, die vorher nicht optimal war. Dieses Beispiel zeigt, dass alle Möglichkeiten, die eine angepasste Ernährung bieten, erst einmal ausgereizt werden sollten, bevor Blutfettsenker zum Einsatz kommen.

99

99

Insulin-Teufelskreis durchbrochen

Mit 73 Jahren hatte die Rentnerin Marianne R. einen insulinpflichtigen Diabetes mellitus Typ 2 und Übergewicht. Durch die Insulintherapie fiel es ihr schwer abzunehmen. Ein Teufelskreis, denn Übergewicht verlangt mehr Insulin und mehr Insulin bringt mehr Gewicht. Diesen Teufelskreis konnte Marianne R. durch monatliche Haferkuren durchbrechen. Ich riet ihr dringend, bei jeder Haferkur zuerst die Insulinmenge zu halbieren, um eine Unterzuckerung zu vermeiden. Bei Insulinpflichtigen muss eine Haferkur immer von dem behandelnden Arzt begleitet werden. Tatsächlich verbesserten sich die Blutzuckerwerte von Marianne R. nach den Kuren von 160–170 mg/l auf 120–130 mg/dl bei einer wesentlich geringeren Insulinmenge. Das zeigt: Die Haferkur spart Insulin, sie durchbricht die Insulinresistenz effektiv! Diese Wirkung hielt jedes Mal drei bis vier Wochen an. Marianne R. sagt: „Mit dieser Kur habe ich mich schnell arrangiert. Sie ist für mich schon zur Routine geworden." Ganz nebenbei hat sie auch ihr Gewicht um sechs Kilo reduziert und braucht auf lange Sicht weniger Insulin. Auch die Cholesterinwerte verbesserten sich leicht.

99

WIE SIE DIE HAFERKUREN UND DEN 2-WOCHEN-PLAN NUTZEN

Für den optimalen Erfolg führen Sie eine Haferkur regelmäßig einmal im Monat durch. Bei Insulinresistenz hat sich auch schon ein Hafertag pro Woche bewährt.

Während eines Hafertages essen Sie ausschließlich Hafer, in der Regel in Form von Haferbrei. Eine Haferkur dauert üblicherweise zwei Tage. Wenn Sie es schaffen, dehnen Sie die Kur um einen weiteren Tag aus (gerne auch in der gemäßigten Form) und profitieren entsprechend mehr davon. Die günstige Wirkung auf die Stoffwechselwerte lässt zwar nach einigen Tagen langsam nach, dennoch ist sie auch noch nach vier Wochen messbar. Deshalb reicht es, die Kur idealerweise einmal im Monat durchzuführen.

Achten Sie darauf, während der Hafertage viel zu trinken – mindestens zwei Liter am Tag sollten es sein. Erlaubt sind möglichst kalziumreiches Mineralwasser (am besten greifen Sie zu Wasser ohne Kohlensäure), ungesüßter (Kräuter-)Tee sowie fettfreie Gemüsebrühe.

Die strenge Haferkur

An Hafertagen bestehen die Hafermahlzeiten aus einem mit etwa 500 Milliliter Wasser oder fettfreier Gemüsebrühe und 75 Gramm Haferflocken gekochten Haferbrei. Dieses Basic-Porridge wird dreimal täglich gegessen, also als Frühstück, Mittag- und Abendessen. Zwischenmahlzeiten gibt es keine. Ob Sie dafür zarte oder kernige Haferflocken nehmen, ist Geschmackssache. Sie können die Flocken auch in kaltem Wasser quellen lassen oder alternativ durch 40 Gramm Haferflocken plus 20 Gramm Haferkleie oder Haferkleieflocken ersetzen.

Unter diesen strengen Regeln wurden die Hafertage in ihrer ursprünglichen Form durchgeführt. Von morgens bis abends nur Haferbrei zu essen, kann natürlich eintönig werden. Andererseits sind drei Tage auch gut durchzuhalten. Wie viel Abwechslung dabei möglich ist, das zeigen unsere Rezepte ab Seite 44: Mit verschiedenen Tees gekocht, bekommt der Haferbrei jedes Mal ein anderes Aroma. Kräuter wie Rosmarin und Minze sowie abgeriebene Zitrusschale steuern Frische bei, wärmende Gewürze wie Zimt oder Vanille sorgen für eine leicht süßliche Note. Wenn Sie die Haferflocken vorab in einer Pfanne ohne Fett leicht anrösten, bekommen sie einen kräftigeren Geschmack.

Die gemäßigte Haferkur

Wer mit diesen Einschränkungen nicht zurechtkommt, kann sich auch für die gemäßigte Haferkur entscheiden, die die strengen Regeln etwas auflockert, aber vergleichbar stoffwechselwirksam ist. Hier sind am Tag 50 Gramm Obst oder 100 Gramm Gemüse zusätzlich erlaubt. Es eignen sich Gemüse wie Zwiebeln, Lauch, Brokkoli, Spinat, Kohl oder Zucchini oder Beeren wie Erdbeeren, Blau-, Johannis- oder Himbeeren. Auf kohlenhydratreiches Gemüse wie Bohnen, Erbsen, Kürbis, Steckrüben, Möhren, Paprika, Rote Bete oder Mais sollten Sie dagegen verzichten, ebenso auf zuckerreiche Früchte wie Pflaumen, Ananas, Kaki, Trauben und Bananen. Zudem sind noch zehn Gramm Nüsse, Mandeln oder Samen wie Sesam erlaubt – ohne Fett angeröstet, sorgen sie für das Aromaplus.

Hunger hat keine Chance

Während der Kur nehmen Sie lediglich 900 bis 1000 Kilokalorien täglich zu sich. Das klingt wenig, trotzdem wird der Hunger kaum eine Chance haben, denn Hafer sättigt ausgesprochen gut. Zum einen wegen seines relativ hohen Fett- und Eiweißgehalts, zum anderen dank des Beta-Glucans. Je mehr Beta-Glucan Sie aufnehmen, umso mehr Sättigungshormone werden ausgeschüttet. Studien zeigen einen Effekt bei zwei bis sechs Gramm pro Mahlzeit. Bei unserer Haferkur – streng und gemäßigt – nehmen Sie mit jeder Mahlzeit gut drei Gramm Beta-Glucan auf, also rund neun Gramm am Tag. Wie beim Intervallfasten können Sie die insgesamt etwa 225 Gramm Hafer auch auf nur zwei Mahlzeiten pro Tag verteilen.

Kann ich statt Hafer- auch andere Getreideflocken essen?

Bei der Haferkur stehen die hafereigenen Wirkstoffe im Vordergrund, vor allem das Beta-Glucan. An den Hafertagen gibt es ausschließlich Hafer. Alternativ kann man zwar auch Gerstenflocken nehmen, die sogar einen etwas höheren Beta-Glucan-Gehalt haben, allerdings sind Gerstenflocken nur schwer erhältlich und geschmacklich schneidet Hafer einfach besser ab. Und was ist mit Kleie? In Haferkleie und Haferkleieflocken steckt jeweils etwa doppelt so viel Beta-Glucan wie in Haferflocken, daher wären beide für eine Kur im Prinzip gut geeignet. Allerdings könnte ein nur aus Kleie gekochter Brei wegen des sehr hohen Ballaststoffgehalts für manche nur schwer verdaulich sein. Daher lautet die Empfehlung, Kleie und Flocken zu mischen und viel zu trinken (siehe auch Seite 15).

DER 2-WOCHEN-MASTERPLAN

Vom „Gesundmacher" Hafer können Sie umso mehr profitieren, wenn Sie ihn auch nach der Kur regelmäßig in Ihren Alltag integrieren. Dabei hilft Ihnen unser Masterplan. Ideal ist es, wenn Sie ihn ein oder zwei Wochen am Stück befolgen. Dann haben Sie reichlich Nähr- und Ballaststoffe sowie eine Extra-Portion Beta-Glucan „getankt".

Unsere 14 Tagespläne mit 42 abwechslungsreichen Rezepten zeigen, wie Sie das Supergetreide kreativ und unkompliziert in Ihre Mahlzeiten einbauen können. Wenn Sie den Plan nicht komplett einhalten möchten oder zunächst einen sanften Einstieg bevorzugen, kein Problem: Schon drei bis vier aufeinanderfolgende Tage nach unserem Masterplan haben erwiesenermaßen einen positiven Effekt auf den Stoffwechsel.

Als Extra-Service gibt es Grundrezepte für Brote, Brötchen und Müslimischungen für den Vorrat sowie Basisrezepte für Hafermehl, -milch und -sahne. Süßschnäbel können sich zudem auf Desserts, Kuchen und Cookies freuen. So gelingt es leicht, auch langfristig mehr Hafer in die Alltagsküche zu bringen.

Alle Mahlzeiten im Masterplan sind für zwei Personen ausgelegt. Die Mengen lassen sich aber auch ganz einfach erhöhen, zum Beispiel für eine vierköpfige Familie, denn die abwechslungsreichen Gerichte schmecken garantiert auch Kindern.

Ob Sie Ihre Hafertage dabei morgens lieber mit einem Porridge beginnen oder aus Zeitgründen Overnight-Oats am Vorabend zubereiten, entscheiden Sie. Selbstverständlich können Sie die Tagespläne für die Hafertage oder auch einzelne Mahlzeiten nach persönlichen Vorlieben tauschen und neu kombinieren. Vorschläge dafür finden Sie in der hinteren Umschlagklappe.

Ob Frühstück, kleines oder warmes Gericht: Jede Mahlzeit enthält pro Portion mindestens ein Gramm Beta-Glucan, um die gute Stoffwechselwirkung zu erhalten beziehungsweise nachwirken zu lassen. Mit unseren Tagesplänen kommen Sie täglich auf mindestens vier bis rund sieben Gramm Beta-Glucan. Mit einem Haferflockendessert oder einem -keks zum Nachmittagskaffee können Sie die Punkte auf Ihrem Beta-Glucan-Konto pro Tag sogar noch erhöhen. Für den schnellen Überblick finden Sie den Beta-Glucan-Wert eines Gerichts bei den Nährwertangaben mit aufgeführt.

Im Unterschied zur strengen oder gemäßigten Haferkur können Sie hier aus dem Vollen schöpfen. Alle Gerichte sind aus vollwertigen Zutaten zusammengestellt: mit reichlich Gemüse und Obst, mit langkettigen Kohlenhydraten aus Getreide, Wurzelgemüse und Kartoffeln, mit wertvollen Proteinquellen wie Quark, Joghurt, Eiern, Hülsenfrüchten und Nüssen sowie einfach und mehrfach ungesättigten Fettsäuren aus pflanzlichen Ölen, Nüssen und Samen.

REZEPTE

Egal, ob Sie Ihren Blutzuckerspiegel ins Lot bringen möchten,
Ihre Cholesterinwerte senken oder Ihren Stoffwechsel in Schwung
bringen wollen – Hafer hilft einfach und natürlich. Zwei bis drei
Auftakttage, an denen Sie besonders haferreich essen, sind ideal.
Danach laden wir Sie in unsere Hafer-Genussküche ein! Neben
dem 2-Wochen-Masterplan finden Sie hier lauter Rezepte,
die das Leben leichter machen: von Selbermach-Highlights wie
Hafermilch, Vollkornbrot und Müsli bis hin zu süßen Extras.

BASICS FÜR DIE HAFERKÜCHE

Ob Mehl, Drink oder Creme: Die Grundzutaten für die Rezepte in diesem Buch können Sie auch ganz leicht selbst machen. Das geht schneller, als Sie denken, und Sie wissen genau, was drin ist. Was Sie dazu brauchen? Haferflocken!

HAFERMEHL

Für ca. 500 g: 500 g zarte Haferflocken im Küchenmixer oder im Blitzhacker etwa 30 Sekunden fein zerkleinern. Dann das Hafermehl etwas durchmischen und erneut kurz mixen. Alternativ die Haferflocken in einem hohen Rührbecher mit dem Stabmixer mahlen, diesen dabei auf- und abbewegen. Das Hafermehl in einen Behälter oder ein Glas füllen und gut verschlossen aufbewahren. An einem kühlen und trockenen Ort hält es sich 3 bis 4 Wochen. Für Kuchen, süßes und herzhaftes Gebäck oder Pfannkuchen verwenden.

Pro 50 g: ca. 190 kcal, 7 g EW, 3 g F, 30 g KH, 5 g BST, 2 g Beta-Glucan

HAFERDRINK

Für ca. 1 l: In einem Topf 1 ¼ l Wasser aufkochen lassen. 100 g zarte Haferflocken und 1 Prise Salz unter Rühren einstreuen und bei schwacher Hitze etwa 5 Minuten unter gelegentlichem Rühren köcheln. Den Topf vom Herd ziehen und die Flockenmischung mit dem Stabmixer fein pürieren. Masse in ein feines Sieb gießen und die Flüssigkeit in einer Schüssel auffangen, dabei die Flocken mit einem Löffel durchrühren und fest ausdrücken. Alternativ den Flockenmix portionsweise in einem Nussmilchbeutel oder Küchentuch ausdrücken. Haferdrink in eine Schraubflasche umfüllen und bis zur Verwendung im Kühlschrank aufbewahren. Er hält sich 3 bis 4 Tage. Als Milchersatz für Müsli, Porridge, Smoothies, Pancakes und Saucen nehmen.

Pro 100 ml: ca. 40 kcal, 1 g EW, 1 g F, 6 g KH, 1 g BST, 0,4 g Beta-Glucan

HAFERCREME

Für ca. ½ l: 100 g zarte Haferflocken und
1 Prise Salz in einen hohen Rührbecher
geben. Mit 400 ml kochendem Wasser
übergießen und etwa 5 Minuten quellen
lassen. Dann 300 ml kaltes Wasser und
1 EL Rapsöl dazugeben und die Masse im
Küchenmixer oder mit dem Stabmixer zu
einer porridgeähnlichen Masse pürieren.
Die Masse durch ein feines Sieb in eine
Schüssel abgießen, dabei mit einem Löffel
immer wieder durchrühren. Alternativ
die Masse in einem Nussmilchbeutel oder
Küchentuch auspressen. Die Hafercreme
in ein Schraubglas umfüllen und bis zur
Verwendung im Kühlschrank lagern. Sie
hält sich gekühlt 3 bis 4 Tage. Perfekt zum
Abrunden von Suppen und Saucen.

**Pro 50 ml: ca. 50 kcal, 1 g EW, 2 g F,
6 g KH, 1 g BST, 0,4 g Beta-Glucan**

GERÖSTETE HAFERFLOCKEN

Für ca. 100 g: 2 TL Rapsöl in einer Pfanne
erhitzen. 80 g kernige Haferflocken dazugeben und bei mittlerer Hitze 3 bis 4 Minuten goldbraun rösten. 1 EL Ahornsirup
unterrühren und die Haferflocken unter
ständigem Rühren leicht karamellisieren.
Dann auf einen mit Backpapier belegten
Teller geben und vollständig abkühlen
lassen. Die gerösteten Flocken in eine gut
verschließbare Dose oder ein Glas füllen
und trocken und kühl lagern. Sie halten
sich 3 bis 4 Wochen. Man kann die Röst-
flocken als knuspriges Topping für Joghurt,
Desserts und Gebäck verwenden oder in
Kombination mit Gewürzen wie Currypulver, Chiliflocken oder Paprikapulver über
Salate, Gemüsesuppen oder -pfannen
streuen.

**Pro EL (10 g): ca. 40 kcal, 1 g EW, 1 g F,
6 g KH, 1 g BST, 0,3 g Beta-Glucan**

DINKELVOLLKORN-BROT MIT HAFER

Für 1 Kastenform (ca. 30 cm Länge;
ca. 24 Scheiben)
Zubereitung: 45 Minuten
Quellen: 15 Minuten
Gehen: 1 ½ Stunden
Backen: 1 Stunde

---

150 g kernige Haferflocken
50 g Haferkleieflocken
75 g Sonnenblumenkerne
½ Würfel frische Hefe (ca. 20 g)
1 TL Brotgewürzmischung
Salz
1 EL Zuckerrübensirup
350 g Dinkelvollkornmehl
100 g Roggenvollkornmehl

Pro Scheibe (ca. 50 g): ca. 120 kcal,
4 g EW, 2 g F, 19 g KH, 3 g BST,
0,4 g Beta-Glucan

◊ Die Haferflocken, 25 g Kleieflocken und die Sonnenblumenkerne in einer großen Rührschüssel mit 300 ml heißem Wasser mischen und etwa 15 Minuten quellen lassen. Inzwischen die Hefe zerbröckeln, mit dem Brotgewürz, 2 TL Salz, Zuckerrübensirup und 50 ml warmem Wasser verrühren.

◊ Beide Mehlsorten mit der flüssigen Hefe zur Haferflockenmischung geben und mit ¼ l Wasser mischen. Mit den Knethaken des Handrührgeräts oder in der Küchenmaschine etwa 5 Minuten kneten, anschließend den Teig zugedeckt an einem warmen Ort etwa 1 Stunde gehen lassen.

◊ Die Form mit Backpapier auslegen. Den weichen Teig in die Form geben und glatt streichen. Die Oberfläche mit einem Messer rautenförmig einritzen und mit den übrigen Kleieflocken bestreuen. Den Teig weitere 30 Minuten ruhen lassen.

◊ Den Backofen auf 240 °C vorheizen. Die Form auf der mittleren Schiene in den Ofen schieben, dabei eine Tasse mit heißem Wasser auf den Ofenboden stellen und das Brot etwa 15 Minuten vorbacken. Die Temperatur auf 200 °C reduzieren und das Brot weitere 45 Minuten fertig backen. Herausnehmen und kurz abkühlen lassen, dann mithilfe des Backpapiers aus der Form lösen und vollständig auskühlen lassen.

MÖHREN-HAFER-FLOCKEN-BRÖTCHEN

Für 6 Brötchen
Zubereitung: 25 Minuten
Quellen: 10 Minuten
Backen: 25 Minuten

---

100 g Möhren
2 Eier (Größe M)
300 g Magerquark
Salz
220 g kernige Haferflocken
20 g geschroteter Leinsamen
2 TL Weinstein-Backpulver
20 g zarte Haferflocken

Pro Stück (ca. 100 g): ca. 240 kcal,
15 g EW, 6 g F, 27 g KH, 5 g BST,
1,6 g Beta-Glucan

◊ Die Möhren putzen, schälen und auf der Gemüsereibe fein raspeln. Die Eier in einer Schüssel mit dem Quark, ½ TL Salz und den Möhrenraspeln gut verrühren. Kernige Haferflocken, Leinsamen und Backpulver in einer zweiten Schüssel mischen und zur Quarkmasse geben. Alles mit den Knethaken des Handrührgeräts oder in der Küchenmaschine zu einem glatten Teig verarbeiten und etwa 10 Minuten quellen lassen.

◊ In der Zwischenzeit den Backofen auf 180 °C vorheizen. Ein Backblech mit Backpapier belegen. Aus dem Teig – er ist klebrig und weich – mit angefeuchteten Händen 6 gleich große Brötchen formen und auf das Blech setzen. Die zarten Haferflocken daraufstreuen und leicht andrücken.

◊ Die Brötchen im Ofen auf der mittleren Schiene etwa 25 Minuten goldbraun backen. Herausnehmen und etwas abkühlen lassen, dann auf einem Kuchengitter vollständig auskühlen lassen.

HAFER-MEHRKORN-KNÄCKEBROT

Für 16 Stück
Zubereitung: 20 Minuten
Quellen: 10 Minuten
Backen: 45 Minuten

---

60 g kernige Haferflocken
30 g helle Sesamsamen
30 g Mohnsamen
100 g zarte Haferflocken
100 g Dinkelvollkornmehl
50 g Dinkelmehl (Type 630)
Salz
1 TL Weinstein-Backpulver
50 ml Rapsöl

Pro Stück (ca. 25 g): ca. 120 kcal,
3 g EW, 6 g F, 12 g KH, 2 g BST,
0,4 g Beta-Glucan

◊ Von den kernigen Haferflocken, dem Sesam und Mohn jeweils 1 EL für die Garnitur beiseitestellen. Die übrigen kernigen Flocken und Samen mit den zarten Haferflocken, Mehl, 1 TL Salz und Backpulver in einer Schüssel mischen. Das Öl und 200 ml kochendes Wasser dazugießen und alles mit den Quirlen des Handrührgeräts oder in der Küchenmaschine gründlich verrühren. Zugedeckt etwa 10 Minuten quellen lassen.

◊ Den Backofen auf 160 °C vorheizen. Den Teig auf einem Bogen Backpapier auf die Größe des Backblechs ausrollen und auf ein Blech ziehen. Den Teig mit etwas Wasser bestreichen und mit den beiseitegestellten Flocken und Samen bestreuen, diese leicht andrücken. Im Ofen auf der mittleren Schiene etwa 15 Minuten vorbacken.

◊ Das Backblech herausnehmen und die Ofentemperatur auf 140 °C reduzieren. Die Knäckebrot-Platte in 16 Rechtecke (à etwa 8 x 10 cm) schneiden und diese dann weitere 30 Minuten knusprig hellbraun backen. Herausnehmen und auf dem Blech abkühlen lassen. Das Knäckebrot ist in einer gut verschließbaren Dose dunkel und trocken gelagert bis zu 2 Monaten haltbar. Es schmeckt mit süßem und herzhaftem Belag.

HAFER-NUSS-BROT OHNE MEHL

Für 1 Kastenform (ca. 20 cm Länge;
14 Scheiben)
Zubereitung: 20 Minuten
Ruhen: 2 Stunden
Backen: 1 Stunde 15 Minuten

---

200 g kernige Haferflocken
100 g zarte Haferflocken
30 g Haferkleieflocken
50 g Walnusskerne
50 g Mandelkerne
50 g Leinsamen
2 TL Weinstein-Backpulver
2 EL Weißweinessig
1 EL Ahornsirup, Salz

Pro Scheibe (ca. 60 g): ca. 160 kcal,
5 g EW, 7 g F, 16 g KH, 4 g BST,
1 g Beta-Glucan

◊ Die Form mit Backpapier auslegen. Die kernigen Haferflocken im Küchenmixer oder Blitzhacker fein mahlen. Das Hafermehl, die zarten Haferflocken und die -kleieflocken in eine Schüssel geben. Walnüsse und Mandeln fein hacken, mit den Leinsamen und dem Backpulver zur Flockenmischung geben und alles gut mischen, am besten mit dem Schneebesen.

◊ Dann den Essig, den Sirup, 1 TL Salz und ½ l kaltes Wasser dazugeben und alle Zutaten mit den Quirlen des Handrührgeräts oder in der Küchenmaschine gründlich vermengen. Die Flocken-Nuss-Mischung in die Form füllen und glatt streichen. Zugedeckt an einem warmen Ort etwa 2 Stunden gehen lassen.

◊ Den Backofen auf 190 °C vorheizen. Das Brot auf der mittleren Schiene im Ofen etwa 30 Minuten backen. Herausnehmen, vorsichtig aus der Form stürzen und auf dem Rost bei gleicher Ofeneinstellung etwa 45 Minuten fertig backen.

◊ Das Brot aus dem Ofen nehmen und auf einem Kuchengitter vollständig auskühlen lassen. Damit es sich gut schneiden lässt, einen halben Tag ruhen lassen. Im Kühlschrank hält es sich 10 bis 14 Tage. Sie können es auch portionsweise einfrieren.

MÜSLIMISCHUNG AUF VORRAT

Für ca. 1 kg
Zubereitung: 20 Minuten

50 g Mandelkerne
50 g Haselnusskerne
50 g Kürbiskerne
50 g Sonnenblumenkerne
500 g kernige Haferflocken
100 g zarte Haferflocken
50 g Leinsamen
50 g gepuffte Quinoa
100 g getrocknete Aprikosen

Pro Portion (ca. 50 g): ca. 200 kcal,
7 g EW, 8 g F, 22 g KH, 5 g BST,
1,2 g Beta-Glucan

◊ Mandeln, Nüsse und Kürbiskerne hacken und mit den Sonnenblumenkernen mischen. Nach Belieben in einer Pfanne ohne Fett etwa 5 Minuten rösten, bis sie duften. Vom Herd nehmen und abkühlen lassen.

◊ Beide Haferflockensorten mit der Nuss-Kerne-Mischung, den Leinsamen und der Quinoa in eine Schüssel geben. Die Aprikosen in kleine Würfel schneiden und hinzufügen. Alle Zutaten gut vermengen und in ein großes, verschließbares Gefäß umfüllen. An einem kühlen, dunklen Ort hält sich die Müslimischung 4 bis 6 Wochen.

Küchentipp:
Zum Frühstück pro Portion 50 g Müslimischung in einer Schale mit 200 ml Milch oder ungesüßtem Pflanzendrink übergießen. Mit 125 g frischem, zerkleinertem Obst nach Saison (z. B. Beeren, Orange, Apfel, Papaya) und nach Wahl mit 100 g Naturjoghurt oder Pflanzenjoghurt natur als Topping servieren.

CASHEW-KOKOS-GRANOLA

Für ca. 720 g
Zubereitung: 15 Minuten
Backen: 15–20 Minuten
Abkühlen: 1 Stunde

100 g Cashewkerne
50 g Pekannusskerne
(ersatzweise Walnusskerne)
300 g kernige Haferflocken
50 g Sonnenblumenkerne
50 g Kokoschips
30 g helle Sesamsamen
20 g Amarant
50 g natives Kokosöl
4 EL Ahornsirup
1 TL gemahlene Vanille
50 g Kakao-Nibs

Pro Portion (ca. 60 g): ca. 320 kcal,
8 g EW, 20 g F, 25 g KH, 5 g BST,
1 g Beta-Glucan

◊ Den Backofen auf 160 °C vorheizen. Die Cashew- und Pekannusskerne grob hacken und mit den Haferflocken in eine Schüssel geben. Sonnenblumenkerne, Kokoschips, Sesam und Amarant dazugeben und alle Zutaten mischen. In einem kleinen Topf das Kokosöl schmelzen. Den Ahornsirup und die Vanille unterrühren, über die Flocken-Nuss-Mischung gießen und das Ganze mit dem Kochlöffel gut vermischen.

◊ Den Granola-Mix gleichmäßig auf einem mit Backpapier belegten Backblech verteilen und im Ofen auf der mittleren Schiene 15 bis 20 Minuten backen, dabei nach der Hälfte der Backzeit wenden. Die Mischung darf nicht zu dunkel werden.

◊ Das Granola aus dem Ofen nehmen und auf dem Blech komplett auskühlen lassen, dann erst die Kakao-Nibs unterheben. Das Granola in ein verschließbares Gefäß umfüllen. Kühl und trocken gelagert hält es sich 2 bis 3 Wochen.

Küchentipp:
Mit Joghurt und Milch oder Pflanzendrink und frischem Obst ist das Granola ein schnelles Frühstück für Groß und Klein. Sie können es auch als knuspriges Topping für Obstsalat und Quarkspeisen verwenden.

1 MÜSLI ODER GRANOLA – 4 REZEPTE

Mit selbst gemachtem Flockenmix oder Granola auf Vorrat haben Sie eine perfekte Basis für Ihr Müsli am Morgen. Hier finden Sie Ideen, wie Sie beides mit Obst oder Gemüse, Milch, Joghurt, Skyr oder Pflanzendrinks anrichten können.

SCHOKO-BEEREN-MÜSLI

Für 2 Personen: 100 g Müslimischung (siehe Seite 40) mit 400 g Naturjoghurt (1,5% Fett) und ½ TL gemahlener Vanille gründlich verrühren und etwa 5 Minuten quellen lassen. 200 g gemischte Beeren (z. B. Brom-, Heidel-, Himbeeren) verlesen, kurz abbrausen und trocken tupfen. Alternativ tiefgekühlte Beerenobst-Mischung über Nacht abgedeckt im Kühlschrank auftauen lassen. Die Beeren auf dem Müsli verteilen, nach Belieben mit 2 TL flüssigem Honig beträufeln und mit 2 TL Kakao-Nibs bestreuen.

Pro Portion: ca. 370 kcal, 16 g EW, 19 g F, 38 g KH, 9 g BST, 1,2 g Beta-Glucan

EXOTISCHES GRANOLA-MÜSLI MIT PAPAYA UND MANGO

Für 2 Personen: Jeweils 150 g Papaya- und Mangofruchtfleisch schälen, eventuell entkernen und in ca. 1 cm große Würfel schneiden. ½ Bio-Limette heiß waschen und trocken reiben, ½ TL Schale fein abreiben und 1 EL Saft auspressen. Limettensaft und -schale mit 400 g Soja-Joghurtalternative mit Kokos verrühren und auf Schalen verteilen. Erst 100 g Cashew-Kokos-Granola (siehe Seite 41) daraufgeben, das Müsli anschließend mit den Fruchtwürfeln toppen.

Pro Portion: ca. 490 kcal, 10 g EW, 29 g F, 43 g KH, 6 g BST, 1 g Beta-Glucan

Gehen Müsli und Granola auch glutenfrei? Na klar! Achten Sie beim Einkauf auf das DZG-Siegel mit der durchgestrichenen Ähre. Nur von der Deutschen Zöliakie-Gesellschaft als glutenfrei ausgelobter Hafer und daraus hergestellte Flocken, Mehl und Co. dürfen die Aufschrift „glutenfrei" tragen – ein Indiz für sortenreinen Anbau und streng kontrollierte Verarbeitung.

OVERNIGHT-CARROT-CAKE-MÜSLI

Für 2 Personen: Am Vorabend 100 g Müslimischung (siehe Seite 40) mit ¼ l Milch
(1,5 % Fett) verrühren und im Kühlschrank
zugedeckt über Nacht einweichen. Am
nächsten Tag 1 große Möhre putzen und
schälen. 1 säuerlichen Apfel (z. B. Elstar)
waschen, vierteln und entkernen. Beides
auf der Gemüsereibe nicht zu fein raspeln,
mischen und mit 2 TL Zitronensaft beträufeln. Den Apfel-Möhren-Mix mit der eingeweichten Müslimischung und jeweils
¼ TL Zimt- und Nelkenpulver vermengen.
Das Müsli auf Schalen verteilen, mit insgesamt 150 g Naturjoghurt (3,5 % Fett) und
1 EL Kürbiskernen – nach Belieben ohne
Fett geröstet – toppen.

Pro Portion: ca. 400 kcal, 16 g EW, 15 g F,
45 g KH, 8 g BST, 1,2 g Beta-Glucan

POWER-MÜSLI MIT GEMÜSE

Für 2 Personen: 100 g Müslimischung
(siehe Seite 40) mit 200 ml ungesüßtem
Haferdrink übergießen und etwa 10 Minuten quellen lassen. 1 Mini-Salatgurke,
1 rote Spitzpaprikaschote und ½ Stange
Staudensellerie (etwa 50 g) putzen bzw.
entkernen, waschen und in feine Würfel
schneiden. Zwei Drittel des vorbereiteten
Gemüses mit dem eingeweichten Müsli
mischen und in Schalen anrichten. 2 Stiele
Minze waschen und trocken schütteln,
die Blätter abzupfen und fein hacken. Mit
200 g veganem Naturskyr (3,4 % Fett),
2 TL Zitronensaft, 1 Msp. Chiliflocken und
Salz verrühren. Den Minze-Skyr auf dem
Müsli anrichten und mit den restlichen
Gemüsewürfeln bestreuen.

Pro Portion: ca. 340 kcal, 15 g EW, 13 g F,
34 g KH, 10 g BST, 1,2 g Beta-Glucan

STRENGE HAFERKUR

Nutzen Sie die Hafertage als spezielle „Fastenkur": Mit täglich drei Hafermahlzeiten erreichen Sie die wirksame Tagesmenge von rund 9 Gramm Beta-Glucan und profitieren von seinen positiven Effekten auf Stoffwechsel, Immunsystem und Verdauung.

TAG 1

FRÜHSTÜCK: MINZTEE-PORRIDGE

Für 1 Person: 2 Stiele Minze waschen, trocken tupfen, einige Blätter abzupfen und beiseitelegen. Übrige Minze samt Stielen in einer Kanne mit ½ l kochendem Wasser übergießen und etwa 10 Minuten ziehen lassen, dann abseihen. ½ Bio-Limette heiß waschen, trocken reiben und die Schale fein abreiben. Mit Minztee und 75 g zarten Haferflocken in einem kleinen Topf kurz aufkochen und zugedeckt bei schwacher Hitze etwa 10 Minuten quellen lassen. Den Porridge mit 2 TL Limettensaft abschmecken und mit der übrigen Minze garnieren.

Pro Portion: ca. 290 kcal, 10 g EW, 5 g F, 47 g KH, 7 g BST, 3 g Beta-Glucan

MITTAGESSEN: 4-KRÄUTER-BREI

Für 1 Person: 40 g kernige Haferflocken ohne Fett bei mittlerer Hitze anrösten. Mit ½ l fettfreier Gemüsebrühe aufgießen, 20 g Haferkleie oder -kleieflocken unterrühren und mit 1 Msp. rosenscharfem Paprikapulver würzen. Kurz aufkochen, dann zugedeckt bei schwacher Hitze etwa 10 Minuten quellen lassen. Je 3 Stiele Basilikum, Dill, Petersilie und Schnittlauch waschen und trocken schütteln, Blätter bzw. Spitzen abzupfen und fein hacken, Schnittlauch in Röllchen schneiden. Haferbrei vom Herd ziehen, mit Pfeffer aus der Mühle würzen und Kräuter untermischen.

Pro Portion: ca. 230 kcal, 8 g EW, 4 g F, 37 g KH, 6 g BST, 3,1 g Beta-Glucan

ABENDESSEN: VANILLE-PORRIDGE

Für 1 Person: 75 g zarte Haferflocken in einer kleinen Pfanne ohne Fett bei mittlerer Hitze anrösten. ½ Vanilleschote aufschneiden und das Mark herauskratzen. Vanilleschote und -mark mit 2 angedrückten Pimentkörnern und 1 Msp. Zimtpulver zu den Flocken geben. Mit ½ l heißem Wasser aufgießen, unter Rühren kurz aufkochen, dann zugedeckt bei schwacher Hitze etwa 10 Minuten quellen lassen. 1 Handvoll Kerbelblätter waschen, trocken tupfen und über den Porridge streuen.

Pro Portion: ca. 300 kcal, 11 g EW, 5 g F, 47 g KH, 9 g BST, 3 g Beta-Glucan

BETA-GLUCAN INSGESAMT: 9,1 G

FRÜHSTÜCK: ROSMARIN-ORANGEN-FRÜHSTÜCKSBREI

Für 1 Person: 40 g zarte Haferflocken in einem Topf ohne Fett bei mittlerer Hitze anrösten. ½ Bio-Orange waschen, trocken reiben und 1 Streifen Schale abschneiden. Mit 1 kleinen Zweig Rosmarin zu den Haferflocken geben und mit ½ l heißem Wasser aufgießen. 20 g Haferkleie oder Haferkleieflocken einrühren, kurz aufkochen, anschließend zugedeckt bei schwacher Hitze etwa 10 Minuten quellen lassen. Den Haferbrei vom Herd ziehen, Rosmarin und Orangenschale entfernen, Porridge in eine Schale geben. Von der Orange mit einem Zestenschneider feine Streifen abziehen und den Porridge damit bestreuen.

Pro Portion: ca. 230 kcal, 8 g EW, 4 g F, 37 g KH, 6 g BST, 3,1 g Beta-Glucan

MITTAGESSEN: SENF-CURRY-PORRIDGE MIT KORIANDER

Für 1 Person: Je 40 g kernige und zarte Haferflocken und 1 TL gelbe Senfkörner in einem Topf bei mittlerer Hitze anrösten, bis sie duften. Je ½ TL Curry- und Ingwerpulver darüberstäuben und kurz mitrösten, mit ½ l fettfreier Gemüsebrühe aufgießen. Unter Rühren kurz aufkochen, dann zugedeckt bei schwacher Hitze etwa 10 Minuten quellen lassen. 6 Stiele Korian-dergrün waschen und trocken schütteln, die Blätter abzupfen und fein hacken. Den Haferbrei vom Herd ziehen, die Hälfte des Korianders untermischen und den Rest über den Porridge streuen.

Pro Portion: ca. 330 kcal, 12 g EW, 6 g F, 50 g KH, 8 g BST, 3,2 g Beta-Glucan

ABENDESSEN: LAVENDELBLÜTEN-HAFERBREI

Für 1 Person: 3 TL getrocknete Lavendelblüten mit ½ l kochendem Wasser aufbrühen, etwa 10 Minuten ziehen lassen, danach abseihen. Den Lavendeltee mit 75 g zarten Haferflocken und ¼ TL gemahlener Vanille in einem Topf kurz aufkochen, dann zugedeckt bei schwacher Hitze etwa 10 Minuten quellen lassen. Den Haferbrei vom Herd ziehen, mit 2 TL Zitronensaft würzen. 1 TL getrocknete Lavendelblüten zwischen den Fingern zerkrümeln und darüberstreuen.

Pro Portion: ca. 280 kcal, 10 g EW, 5 g F, 45 g KH, 7 g BST, 3 g Beta-Glucan

BETA-GLUCAN INSGESAMT: 9,3 G

Gut zu wissen: Wenn Sie Vorerkrankungen wie Diabetes haben und Medikamente nehmen und/oder Insulin spritzen, sollten Sie die Haferkur erst nach Absprache mit Ihrer Ärztin oder Ihrem Arzt durchführen.

GEMÄSSIGTE HAFERKUR

Natürlich, die strenge Haferkur ist äußerst stoffwechselwirksam, aber auch sehr puristisch. Für alle Anhänger einer gemäßigten Version haben wir drei Hafertage mit jeweils drei Mahlzeiten entwickelt, die Sie mit etwas Gemüse, Obst, Nüssen oder Samen aufpeppen können.

TAG 1

FRÜHSTÜCK: SCHOKO-BEEREN-PORRIDGE

Für 1 Person: 1 TL Kakaopulver (schwach entölt) mit 75 g zarten Haferflocken und 400 ml Wasser in einem Topf kurz aufkochen, dann bei schwacher Hitze etwa 10 Minuten zugedeckt quellen lassen. Nach Belieben 5 g Mandelblättchen in einer kleinen Pfanne ohne Fett bei mittlerer Hitze goldbraun rösten, vom Herd nehmen und abkühlen lassen. Je 25 g Himbeeren und Blaubeeren verlesen, kurz abbrausen und abtropfen lassen. Den Porridge mit Beeren und Mandelblättchen bestreuen.

Pro Portion: ca. 350 kcal, 12 g EW, 9 g F, 48 g KH, 11 g BST, 3 g Beta-Glucan

MITTAGESSEN: HAFER-BROKKOLI-SPEISE INDISCHE ART

Für 1 Person: 10 g Ingwer schälen und in feine Würfel schneiden. 50 g Brokkoliröschen putzen, waschen und klein schneiden. Ingwer und Brokkoli in einem Topf mit 75 g kernigen Haferflocken, ½ TL gemahlenem Kreuzkümmel, ½ TL Kurkumapulver und ½ l fettfreier Gemüsebrühe kurz aufkochen. Dann zugedeckt bei schwacher Hitze etwa 10 Minuten quellen lassen. 3 Stiele Koriandergrün waschen, trocken schütteln und die Blätter abzupfen. Den Haferbrei mit Pfeffer aus der Mühle würzen und mit 5 g hellen Sesamsamen und dem Koriander bestreuen.

Pro Portion: ca. 345 kcal, 13 g EW, 8 g F, 49 g KH, 10 g BST, 3 g Beta-Glucan

ABENDESSEN: PIKANTES ROHKOST-MÜSLI

Für 1 Person: In einer Schüssel 40 g kernige Haferflocken und 20 g Haferkleieflocken mit 2 EL Apfelessig und 300 ml kochender fettfreier Gemüsebrühe übergießen und zugedeckt etwa 10 Minuten quellen lassen. Inzwischen 25 g Cocktailtomaten waschen und vierteln, 25 g Mini-Salatgurke waschen und in kleine Würfel schneiden. Den Haferbrei mit 2 Msp. Pul Biber würzen, Tomaten und Gurken darauf verteilen und mit etwas Gartenkresse bestreuen.

Pro Portion: ca. 235 kcal, 8 g EW, 4 g F, 36 g KH, 6 g BST, 3,1 g Beta-Glucan

BETA-GLUCAN INSGESAMT: 9,1 G

FRÜHSTÜCK: OVERNIGHT-OATS MIT APFEL

Für 1 Person: Am Vorabend 40 g kernige Haferflocken, 20 g Haferkleieflocken, ½ TL Zimt, ¼ TL gemahlene Vanille und 300 ml Wasser in einer Schale verrühren. Zugedeckt mindestens 8 Stunden (über Nacht) im Kühlschrank quellen lassen. Am nächsten Tag 50 g säuerlichen Apfel (z. B. Boskop) waschen, entkernen und ungeschält raspeln. Mit 2 TL Limettensaft beträufeln und unter die Oats rühren.

Pro Portion: ca. 270 kcal, 8 g EW, 4 g F, 45 g KH, 7 g BST, 3,1 g Beta-Glucan

MITTAGESSEN: TOMATEN-SPINAT-PORRIDGE

Für 1 Person: 400 ml fettfreie Gemüsebrühe und ½ TL getrocknete ital. Kräuter in einem Topf aufkochen. Je 40 g zarte und kernige Haferflocken einstreuen und unter Rühren aufkochen. Zugedeckt bei schwacher Hitze etwa 10 Minuten quellen lassen. 20 g jungen Blattspinat verlesen, waschen, abtropfen lassen und unterrühren. 2 Cocktailtomaten waschen und vierteln. Porridge mit 2 TL Zitronensaft und Pfeffer aus der Mühle würzen, die Tomaten daraufgeben.

Pro Portion: ca. 310 kcal, 11 g EW, 5 g F, 49 g KH, 9 g BST, 3,2 g Beta-Glucan

ABENDESSEN: HAFER-LAUCH-SÜPPCHEN

Für 1 Person: 50 g Lauch putzen, waschen, längs vierteln und quer in feine Streifen schneiden. 1 kleine Knoblauchzehe schälen und in feine Würfel schneiden. Beides mit 40 g zarten Haferflocken und 20 g Haferkleieflocken, 750 ml fettfreier Gemüsebrühe und ½ TL getrocknetem Majoran in einem kleinen Topf unter Rühren kurz aufkochen, dann zugedeckt bei schwacher Hitze etwa 10 Minuten quellen lassen. Inzwischen 10 g Kürbiskerne in einer Pfanne ohne Fett rösten, abkühlen lassen und grob hacken. 3 Stiele Petersilie waschen und trocken schütteln, Blätter abzupfen und fein hacken. Suppe mit Pfeffer aus der Mühle würzen, in einen tiefen Teller füllen, mit Petersilie und Kürbiskernen bestreuen.

Pro Portion: ca. 300 kcal, 13 g EW, 9 g F, 39 g KH, 8 g BST, 3,1 g Beta-Glucan

BETA-GLUCAN INSGESAMT: 9,4 G

TAG 3

FRÜHSTÜCK: VANILLE-HAFERTEE-PORRIDGE MIT KIWI

Für 1 Person: 2 gehäufte TL grünen Hafertee in ½ l kochendes Wasser streuen und die Mischung etwa 10 Minuten köcheln lassen, dann abseihen. ¼ Vanilleschote aufschneiden und das Mark herauskratzen. Beides mit je 40 g zarten und kernigen Haferflocken in einem kleinen Topf kurz aufkochen und zugedeckt bei schwacher Hitze etwa 10 Minuten quellen lassen. Die Vanilleschote entfernen. 50 g Kiwi schälen und in kleine Würfel schneiden. Den Porridge in eine Schale geben und mit den Kiwistücken belegen. Mit einigen Minzeblättern garnieren.

Pro Portion: ca. 330 kcal, 12 g EW, 6 g F, 52 g KH, 10 g BST, 3,2 g Beta-Glucan

MITTAGESSEN: HAFER-CHAMPIGNON-SUPPE

Für 1 Person: 50 g kleine Champignons putzen, trocken abreiben und in dünne Scheiben schneiden. 1 kleine Knoblauchzehe schälen und in feine Würfel schneiden. Zwei Drittel der Pilze und 75 g zarte Haferflocken in einem kleinen Topf ohne Fett bei mittlerer bis starker Hitze rösten, bis sie duften. ½ TL getrockneten Thymian dazugeben und mit 750 ml fettfreier Gemüsebrühe aufgießen. Unter Rühren kurz aufkochen, dann zugedeckt bei schwacher Hitze etwa 10 Minuten quellen lassen. 3 Stiele Petersilie waschen und trocken schütteln, die Blätter abzupfen und fein hacken. Die Suppe in einen tiefen Teller füllen, mit den übrigen Pilzscheiben und der gehackten Petersilie bestreuen.

Pro Portion: ca. 300 kcal, 12 g EW, 5 g F, 46 g KH, 9 g BST, 3 g Beta-Glucan

ABENDESSEN: SPITZKOHL-HAFERFLOCKEN-MIX

Für 1 Person: 10 g Frühlingszwiebel putzen, waschen, das Weiße und Hellgrüne in feine Ringe schneiden. 75 g kernige Haferflocken, das Weiße der Frühlingszwiebel, 1 EL Zitronensaft und ½ TL fein abgeriebene Bio-Zitronenschale in einer Schale mischen. Mit ¼ l kochender fettfreier Gemüsebrühe übergießen und zugedeckt etwa 10 Minuten quellen lassen. Währenddessen 40 g Spitzkohl putzen, waschen und in feine Streifen schneiden. Die Kohlstreifen unter die gequollenen Haferflocken mischen, mit Pfeffer aus der Mühle würzen. Zum Servieren mit den grünen Frühlingszwiebelringen bestreuen.

Pro Portion: ca. 300 kcal, 11 g EW, 5 g F, 47 g KH, 8 g BST, 3 g Beta-Glucan

BETA-GLUCAN INSGESAMT: 9,2 G

2-WOCHEN-MASTERPLAN

Als schneller Einstieg in die Haferküche kommt hier unser Masterplan mit drei Mahlzeiten für jeden Tag. Freuen Sie sich auf unkomplizierte Alltagsgerichte, tolle Salate und Snacks, die sich auch zum Mitnehmen eignen, und Genießerrezepte, für die Sie ein bisschen mehr Zeit einplanen sollten. Sie müssen den Plan nicht von Anfang bis Ende durchziehen: Schon drei bis vier Tage am Stück reichen aus, um Punkte auf dem Vitalstoffkonto zu sammeln und nebenbei überschüssige Pfunde schmelzen zu lassen.

HAFERFLOCKEN-SMOOTHIE MIT BEEREN

Für 2 Gläser (à ca. ½ l)
Zubereitung: 20 Minuten

200 g tiefgekühlte Beerenmischung
(z. B. Brombeeren, Blaubeeren, Himbeeren, Johannisbeeren)
1 Banane
60 g zarte Haferflocken
1 EL geschälte Hanfsamen
1 EL dunkles Mandelmus
½ l ungesüßter Sojadrink
2–4 Minzeblätter

Pro Portion: ca. 380 kcal, 17 g EW, 13 g F,
42 g KH, 9 g BST, 1,2 g Beta-Glucan

◊ Die Beeren in den Küchenmixer geben
und etwa 10 Minuten antauen lassen. Die
Banane schälen, in grobe Stücke schneiden
und zu den Beeren geben. Die Haferflocken,
die Hanfsamen und das Mandelmus hinzufügen. Mit dem Sojadrink aufgießen.

◊ Alles erst auf kleiner, dann auf höchster
Stufe fein pürieren. Sollte der Smoothie zu
dickflüssig sein, noch 150 ml Wasser untermixen. Den Smoothie in Gläser gießen und
mit den Minzeblättern garnieren. Am besten
sofort genießen.

Küchentipp:

Falls Ihr Küchenmixer nicht so leistungs-
stark sein sollte: Die Beeren über Nacht im
Kühlschrank langsam auftauen lassen. Statt
der zarten Haferflocken können Sie auch
Schmelzflocken verwenden. Da diese aus
Hafervollkornmehl hergestellt werden,
bekommen sie beim Mixen mit Flüssigkeit
eine homogene, breiige Konsistenz.

FALAFEL MIT LIMETTEN-DIP

Für 2 Personen
Zubereitung: 45 Minuten
Backen: 30 Minuten

75 g rote Linsen
75 g zarte Haferflocken
1 Knoblauchzehe
½ Bund Petersilie
4 EL Olivenöl
Salz, Pfeffer aus der Mühle
1 TL gemahlener Kreuzkümmel
½ Bio-Limette
150 g Sojajoghurt natur
80 g Rucola, 250 g Cocktailtomaten
2 EL Weißweinessig

Pro Portion: ca. 535 kcal, 21 g EW, 25 g F, 51 g KH, 9 g BST, 1,5 g Beta-Glucan

◊ In einem kleinen Topf ¼ l Wasser aufkochen, die Linsen einstreuen und halb zugedeckt bei mittlerer Hitze 7 bis 10 Minuten garen. Die Haferflocken im Blitzhacker zu Mehl mahlen. Den Knoblauch schälen und in feine Würfel schneiden. Die Petersilie waschen und trocken schütteln, Blätter abzupfen und fein hacken. Die Linsen in einem Sieb gut abtropfen lassen, dann in einem hohen Rührbecher mit dem Stabmixer pürieren. In eine Schüssel umfüllen, Knoblauch, Petersilie, Hafermehl und 1 EL Öl dazugeben. Mit Salz, Pfeffer und Kreuzkümmel würzen. Alles zu einer homogenen Masse verarbeiten und etwa 15 Minuten ruhen lassen.

◊ Inzwischen den Backofen auf 200 °C vorheizen. Für den Dip die Limette heiß waschen, trocken reiben, die Schale fein abreiben und den Saft auspressen. Beides mit dem Joghurt verrühren, leicht salzen und zugedeckt kühl stellen. Aus der Linsen-Hafer-Mischung 10 Falafel rollen und diese auf ein mit Backpapier belegtes Backblech legen. Mit 1 EL Öl bestreichen und auf der mittleren Schiene im Ofen etwa 15 Minuten backen, dann wenden und weitere 15 Minuten backen.

◊ Rucola verlesen, waschen und trocken schleudern. Die Tomaten waschen und halbieren. Essig, Salz, Pfeffer und das übrige Öl zu einer Vinaigrette verrühren, Rucola und Tomaten damit marinieren. Den Salat auf Teller verteilen, mit den Falafeln anrichten und den Dip dazu servieren.

ORIENTALISCHER HAFEREINTOPF

Für 2 Personen
Zubereitung: 50 Minuten

je 1 rote und gelbe Paprikaschote
1 große Möhre (ca. 100 g)
1 Zwiebel
1 Knoblauchzehe
2 EL Olivenöl
100 g ganze Haferkörner
2 TL Harissapaste
1 EL Tomatenmark
¾ l Gemüsebrühe
1 Zucchini (ca. 175 g)
120 g Kichererbsen (aus der Dose)
½ Bund Petersilie
Salz, Pfeffer aus der Mühle
100 g Naturjoghurt (1,5 % Fett)

Pro Portion: ca. 510 kcal, 15 g EW, 23 g F,
52 g KH, 15 g BST, 1,9 g Beta-Glucan

◊ Die Paprikaschoten längs halbieren, entkernen, waschen und in mundgerechte Stücke schneiden. Die Möhre putzen, schälen und schräg in Scheiben schneiden. Die Zwiebel und den Knoblauch schälen und in feine Würfel schneiden.

◊ Das Öl in einem Topf erhitzen und die Haferkörner darin bei mittlerer Hitze etwa 2 Minuten anrösten. Zwiebel und Knoblauch dazugeben, kurz andünsten. Harissapaste und Tomatenmark unterrühren, unter Rühren etwa 2 Minuten anrösten. Paprikastücke und Möhrenscheiben dazugeben und kurz mitdünsten. Mit der Brühe aufgießen, aufkochen und zugedeckt bei mittlerer Hitze etwa 25 Minuten köcheln lassen.

◊ In der Zwischenzeit die Zucchini putzen, waschen, längs halbieren und in etwa ½ cm breite Scheiben schneiden. Die Kichererbsen in ein Sieb abgießen, abbrausen und gut abtropfen lassen. Beides etwa 5 Minuten vor Ende der Garzeit zum Eintopf geben.

◊ Petersilie waschen und trocken schütteln, die Blätter abzupfen und fein hacken. Den Hafereintopf mit Salz und Pfeffer würzen und in tiefen Tellern anrichten. Mit der Petersilie bestreuen und je 1 Klecks Joghurt daraufsetzen.

Dr. Riedls Gesundheitstipp:
Es lohnt sich, Reis und andere Getreidesorten öfter durch Hafer zu ersetzen. Er versorgt uns deutlich besser mit B-Vitaminen, Biotin, Magnesium, Eisen, Zink und Silizium: für gesunde Haut, Haare und Nerven.

BETA-GLUCAN INSGESAMT: 4,6 G

HAFERFLOCKEN-RÜHREI

Für 2 Personen
Zubereitung: 20 Minuten

4 Eier (Größe M)
100 ml ungesüßter Haferdrink
(Fertigprodukt oder selbst gemacht;
siehe Seite 32)
60 g zarte Haferflocken
Salz, Pfeffer aus der Mühle
¼ TL geräuchertes Paprikapulver
1 Bund Schnittlauch
200 g Cocktailtomaten
1 EL Olivenöl

Pro Portion: ca. 365 kcal, 20 g EW, 19 g F,
25 g KH, 4 g BST, 1,4 g Beta-Glucan

◊ Die Eier mit dem Haferdrink und den Flocken in einer Schüssel gut verrühren. Mit Salz, Pfeffer und Paprikapulver würzen und die Mischung etwa 5 Minuten quellen lassen.

◊ Inzwischen den Schnittlauch waschen, trocken schütteln und in feine Röllchen schneiden. Die Tomaten waschen und je nach Größe halbieren oder vierteln.

◊ Das Öl in einer Pfanne erhitzen. Die Tomaten in die Pfanne geben, bei mittlerer Hitze 1 bis 2 Minuten dünsten. Zwei Drittel des Schnittlauchs unter die Eiermasse rühren. Diese zu den Tomaten geben und bei mittlerer Hitze 4 bis 5 Minuten braten, bis das Rührei gestockt ist. Dabei mit einem Pfannenwender vorsichtig vom Rand zur Mitte schieben.

◊ Das Rührei auf Teller verteilen und mit dem übrigen Schnittlauch bestreuen.

Küchentipp:
Für mehr Biss statt der zarten Haferflocken kernige Flocken nehmen und diese ohne Fett in einer Pfanne anrösten. Dann das Gemüse mit dem Öl dazugeben, kurz mitbraten und die Eiermasse hinzufügen.

GURKEN-KALTSCHALE MIT KRABBEN

Für 2 Personen
Zubereitung: 25 Minuten
Kühlen: 1 Stunde

60 g zarte Haferflocken
2 Salatgurken (à ca. 300 g)
½ Bund Dill
150 g Naturjoghurt (3,5 % Fett)
2 EL Zitronensaft
Salz, Pfeffer aus der Mühle
50 g Sahne
1 TL frisch geriebener Meerrettich
100 g Nordseekrabben
2 TL Hanföl

Pro Portion: ca. 365 kcal, 18 g EW, 19 g F,
27 g KH, 5 g BST, 1,2 g Beta-Glucan

◊ Die Haferflocken in einer Schüssel mit 125 ml Wasser verrühren und etwa 15 Minuten quellen lassen.

◊ Inzwischen die Gurken putzen, waschen, streifig schälen und längs halbieren. Die Kerne mit einem kleinen Löffel herausschaben. 100 g Gurkenfruchtfleisch klein würfeln und beiseitelegen.

◊ Die restlichen Gurken in grobe Stücke schneiden und in den Küchenmixer geben. Den Dill waschen und trocken schütteln, die Spitzen abzupfen und einige Dillspitzen zum Garnieren beiseitelegen. Den übrigen Dill mit dem Joghurt und der Haferflockenmischung zu den Gurken geben und alles erst auf kleiner, dann auf höchster Stufe fein pürieren. Mit Zitronensaft, Salz und Pfeffer würzen, nochmal kurz durchmixen. Die Suppe zugedeckt mindestens 1 Stunde in den Kühlschrank stellen.

◊ Vor dem Servieren die Sahne steif schlagen. Den Meerrettich unterheben, leicht mit Salz und Pfeffer würzen. Die Krabben in einem Sieb kurz abbrausen und gut abtropfen lassen.

◊ Die Kaltschale auf Schalen oder tiefe Teller verteilen und mit den beiseitegelegten Gurkenwürfeln bestreuen. Sahnemeerrettich und Krabben daraufgeben, mit jeweils 1 TL Hanföl beträufeln und mit Dill garnieren.

FLOCKEN-GEMÜSE-WOK

Für 2 Personen
Zubereitung: 40 Minuten

125 g kernige Haferflocken
1 rote Paprikaschote
200 g Bimi (ersatzweise Brokkoli-röschen)
100 g Zuckerschoten
100 g Shiitake-Pilze
2 Schalotten
1 Knoblauchzehe
20 g Ingwer
1 rote Chilischote
40 g Cashewkerne
3 EL Rapsöl
100 ml Gemüsebrühe
2 EL Sojasauce (z. B. Tamari)
Salz, Pfeffer aus der Mühle
6 Stiele Koriandergrün

Pro Portion: ca. 640 kcal, 22 g EW, 31 g F, 62 g KH, 16 g BST, 2,5 g Beta-Glucan

◊ Haferflocken in Wasser etwa 3 Minuten einweichen, dann in einem Sieb abtropfen lassen. Die Paprikaschote längs halbieren, entkernen, waschen und in feine Streifen schneiden. Bimi putzen, waschen und in grobe Stücke schneiden. Die Zuckerschoten putzen, waschen und schräg halbieren. Die Pilze trocken abreiben, die Stiele entfernen und die Kappen nach Belieben halbieren oder vierteln. Schalotten, Knoblauch und Ingwer schälen und in feine Würfel schneiden. Chilischote längs halbieren, entkernen, waschen und in feine Streifen schneiden.

◊ Einen Wok erhitzen und die Cashewkerne darin ohne Fett bei mittlerer bis starker Hitze goldbraun rösten. Herausnehmen und abkühlen lassen. 2 EL Öl im Wok erhitzen. Haferflocken, Paprika und Bimi dazugeben und unter Rühren bei starker Hitze etwa 3 Minuten braten. Anschließend Zuckerschoten, Pilze, Schalotten, Knoblauch, Ingwer und Chili mit dem restlichen Öl hinzufügen und etwa 2 Minuten mitbraten. Mit der Brühe ablöschen, mit Sojasauce, Salz und Pfeffer würzen und alles bei schwacher Hitze 2 bis 3 Minuten offen köcheln lassen.

◊ Den Koriander waschen, trocken schütteln und die Blätter abzupfen. Die Cashewkerne grob hacken. Die Haferflocken-Gemüse-Mischung in Schalen oder auf Tellern anrichten und mit Koriander und Cashewkernen bestreuen.

BETA-GLUCAN INSGESAMT: 5,1 G

HIMBEER-LIMETTEN-PORRIDGE

Für 2 Personen
Zubereitung: 15 Minuten

100 g tiefgekühlte Himbeeren
20 g Cashewkerne
2 TL Ahornsirup
1 TL Rapsöl
80 g zarte Haferflocken
½ l ungesüßter Haferdrink (Fertigprodukt oder selbst gemacht; siehe Seite 32)
Salz
10 g Chiasamen
½ Bio-Limette
60 g Himbeeren

Pro Portion: ca. 410 kcal, 10 g EW, 16 g F, 48 g KH, 13 g BST, 2,4 g Beta-Glucan

◊   Die Himbeeren antauen lassen. Cashewkerne hacken. Den Ahornsirup und das Öl in einer kleinen Pfanne erhitzen, die Cashewkerne und 20 g Haferflocken dazugeben und unter Rühren bei mittlerer Hitze 3 bis 4 Minuten hellbraun braten. Die Mischung auf einem Stück Backpapier vollständig abkühlen lassen.

◊   Inzwischen den Haferdrink und 1 Prise Salz in einem Topf unter Rühren aufkochen. Die Chiasamen und die übrigen Haferflocken unterrühren und bei schwacher bis mittlerer Hitze unter gelegentlichem Rühren halb zugedeckt etwa 10 Minuten quellen lassen.

◊   Inzwischen die Limette heiß waschen und trocken reiben, von der Schale 1 TL fein abreiben und 2 TL Limettensaft auspressen. Beides mit den angetauten Himbeeren unter den heißen Porridge rühren und 1 bis 2 Minuten ziehen lassen. Die frischen Himbeeren verlesen, kurz abbrausen und vorsichtig trocken tupfen.

◊   Den Porridge in Schalen anrichten und mit den Himbeeren und dem Cashew-Topping bestreuen.

GEMÜSESALAT MIT HAFERGRÜTZE

Für 2 Personen
Zubereitung: 50 Minuten

je 1 kleine rote und gelbe Paprikaschote
1 Zucchini (ca. 150 g)
100 g kleine Kräuterseitlinge
200 g kleine festkochende Kartoffeln
3 EL Weißweinessig
Salz, Pfeffer aus der Mühle
1 TL getrockneter Thymian
½ TL Pul Biber (scharfe Paprikaflocken)
3 EL Olivenöl, 100 g Hafergrütze
1 Mini-Romanasalat
30 g Cheddarkäse (mind. 50 % Fett i. Tr.)
2 Stiele Basilikum

Pro Portion: ca. 530 kcal, 20 g EW, 24 g F,
53 g KH, 12 g BST, 1,9 g Beta-Glucan

◊ Die Paprika längs halbieren, entkernen, waschen und in 2 bis 3 cm große Stücke schneiden. Die Zucchini putzen, waschen, längs halbieren und in knapp 1 cm dicke Scheiben schneiden. Die Pilze putzen, trocken abreiben und in 2 bis 3 cm breite Stücke schneiden. Die Kartoffeln gut waschen und ungeschält in Spalten schneiden. Den Essig, Salz, Pfeffer, Thymian, Pul Biber und das Öl in einer Schüssel verrühren. Das Gemüse und die Kartoffeln dazugeben, gut mischen und etwa 15 Minuten marinieren.

◊ Den Backofen mit einem Backblech auf der zweiten Schiene von unten auf 200 °C vorheizen. Die Hafergrütze in einer Schüssel mit 200 ml kochendem Wasser übergießen und zugedeckt etwa 15 Minuten quellen, danach offen abkühlen lassen.

◊ Das Gemüse samt Marinade auf dem Backblech verteilen und im Ofen 20 bis 25 Minuten braten. Dann das Gemüse herausnehmen, in eine Schüssel geben und lauwarm abkühlen lassen.

◊ Den Salat putzen, waschen, trocken schleudern und in mundgerechte Stücke zupfen. Den Käse grob raspeln. Die Grütze unter das Gemüse mischen, den Salat vorsichtig unterheben. Basilikum waschen, trocken tupfen und die Blätter abzupfen. Den Gemüsesalat auf Tellern anrichten und mit Basilikum und Käse bestreuen.

HÄHNCHENSCHNITZEL MIT TOMATENSALSA

Für 2 Personen
Zubereitung: 35 Minuten

400 g Tomaten (z. B. Eiertomaten)
1 Avocado
1 kleine weiße Zwiebel
3 EL Limettensaft
Salz, Pfeffer aus der Mühle
¼ TL Korianderpulver
4 EL Olivenöl
1 rote Peperoni
80 g kernige Haferflocken
20 g Dinkelvollkornmehl
1 Ei (Größe M)
2 Hähnchenbrustfilets (à ca. 200 g)
4 Stiele Koriandergrün

Pro Portion: ca. 775 kcal, 61 g EW, 37 g F,
42 g KH, 11 g BST, 1,6 g Beta-Glucan

◊ Für die Salsa die Tomaten waschen und halbieren, dabei die Stielansätze entfernen. Tomatenhälften in kleine Würfel schneiden. Die Avocado halbieren und den Kern entfernen, das Fruchtfleisch mit einem Löffel aus der Schale lösen und ebenfalls in kleine Würfel schneiden. Die Zwiebel schälen, halbieren und in feine Streifen schneiden.

◊ Limettensaft mit Salz, Pfeffer, Korianderpulver und 2 EL Öl verrühren. Die Peperoni längs halbieren, entkernen, waschen und in feine Würfel schneiden, unter das Dressing heben. Tomaten, Avocado und Zwiebel vorsichtig unterheben. Die Salsa zugedeckt kühl stellen.

◊ Die Haferflocken im Blitzhacker mittelfein mahlen und auf einen Teller geben. Das Dinkelmehl auf einen zweiten Teller geben und das Ei in einem tiefen Teller verquirlen. Die Hähnchenfilets waschen, trocken tupfen und mit einem scharfen Messer waagrecht halbieren. Auf beiden Seiten mit Salz und Pfeffer würzen. Die Schnitzel nacheinander im Mehl wenden, überschüssiges Mehl abklopfen. Dann durch das Ei ziehen und in den Haferbröseln wenden. Die Brösel andrücken.

◊ Das übrige Öl in einer großen Pfanne erhitzen. Die Schnitzel darin bei mittlerer bis starker Hitze etwa 3 Minuten auf jeder Seite goldbraun braten. Das Koriandergrün waschen, trocken schütteln und die Blätter abzupfen. Die Schnitzel aus der Pfanne nehmen, mit der Salsa auf Tellern anrichten und mit Koriandergrün bestreuen. Nach Belieben mit Limettenspalten anrichten.

BETA-GLUCAN INSGESAMT: 5,9 G

OVERNIGHT-OATS MIT KIRSCHEN

Für 2 Personen
Zubereitung: 15 Minuten
Quellen: 8 Stunden (über Nacht)

je 50 g kernige und zarte Haferflocken
2 TL geschroteter Leinsamen
100 ml Milch (1,5 % Fett)
250 g Skyr natur (0,2 % Fett)
80 ml kalter Espresso
2 TL Kakaopulver (schwach entölt)
2 TL Ahornsirup
200 g tiefgekühlte Sauerkirschen
(entsteint), 25 g gehackte Mandeln
30 g Zartbitterschokolade
(mind. 70 % Kakaoanteil)

Pro Portion: ca. 540 kcal, 30 g EW, 17 g F,
60 g KH, 12 g BST, 2 g Beta-Glucan

◊ Am Vorabend Haferflocken und Leinsamen mit der Milch, 200 g Skyr, Espresso,
Kakao und 1 TL Ahornsirup in einer Schüssel verrühren und über Nacht zugedeckt
im Kühlschrank quellen lassen. Die Kirschen
in eine Schüssel geben, mit dem übrigen
Sirup beträufeln und über Nacht zugedeckt
im Kühlschrank auftauen lassen.

◊ Am nächsten Tag die Mandeln in einer
kleinen Pfanne ohne Fett goldbraun rösten.
Vom Herd nehmen und abkühlen lassen.
Die Schokolade fein hacken.

◊ Die Espresso-Oats mit den Mandeln verrühren und auf Gläser verteilen. Kirschen
samt dem gezogenen Saft obendrauf geben
und den übrigen Skyr daraufsetzen. Mit
der Schokolade bestreuen.

Dr. Riedls Gesundheitstipp:

Weicht man Haferflocken über Nacht ein,
verbessern sich Verträglichkeit und Nähr-
stoffausbeute. Hafer enthält wie alle anderen
Getreide von Natur aus Phytinsäure. Diese
bindet Nährstoffe wie Magnesium, Eisen und
Zink an sich und macht sie für den Körper
teilweise nutzlos. Durch das Quellen wird die
Phytinsäure reduziert und der Körper kann
besser von den Nährstoffen aus den Haferflocken profitieren.

SPARGELSALAT MIT EI

Für 2 Personen
Zubereitung: 35 Minuten

200 ml Gemüsebrühe
100 g Hafergrütze
100 g Staudensellerie
250 g grüner Spargel, Salz
80 g junge Salatblätter (z. B. Spinat,
roter Mangold, Kale, Mizuna)
2 Frühlingszwiebeln
2 Eier (Größe M), ½ Bio-Zitrone
2 EL Apfelessig, 2 TL Ahornsirup
Pfeffer aus der Mühle
2 EL Walnussöl

Pro Portion: ca. 460 kcal, 20 g EW, 21 g F,
42 g KH, 11 g BST, 1,9 g Beta-Glucan

◊ In einem Topf die Brühe aufkochen und die Hafergrütze einstreuen, kurz aufkochen und zugedeckt bei schwacher Hitze etwa 20 Minuten köcheln lassen, bis die Flüssigkeit aufgesogen ist. Inzwischen den Sellerie putzen, waschen, längs vierteln und in etwa ½ cm große Würfel schneiden. Nach 10 Minuten zur Grütze geben. Die Mischung nach der Garzeit offen ausdampfen und abkühlen lassen lassen.

◊ Den Spargel waschen, im unteren Drittel schälen und die holzigen Enden abschneiden. Die Stangen in kochendem Salzwasser 4 bis 5 Minuten bissfest garen, dann abgießen, abschrecken und gut abtropfen lassen. Salatblätter verlesen, waschen und trocken schleudern. Die Frühlingszwiebeln putzen, waschen und in feine Ringe schneiden. Die Eier in kochendem Wasser 6 bis 7 Minuten wachsweich garen, dann herausnehmen und kalt abschrecken.

◊ Für das Dressing die Zitrone heiß waschen und trocken reiben, die Schale fein abreiben und den Saft auspressen. Zitronensaft, Essig, Ahornsirup, Salz, Pfeffer, Zitronenschale und Öl in einer Schüssel verrühren. Die Grützemischung und die Frühlingszwiebeln dazugeben und gut untermischen. Die Salatblätter vorsichtig unterheben. Den Salat mit dem Spargel auf Tellern anrichten. Die Eier pellen, längs halbieren und daraufsetzen.

SPAGHETTI MIT HAFER-„BOLO"

Für 2 Personen
Zubereitung: 45 Minuten

---

60 g Grana padano (am Stück)
60 g kernige Haferflocken
1 Ei (Größe M)
150 ml Gemüsebrühe
Salz, Pfeffer aus der Mühle
1 dünne Stange Lauch (ca. 200 g)
1 große Möhre
1 kleine Zwiebel
1 Knoblauchzehe
2 EL Olivenöl
1 EL Tomatenmark
1 Dose stückige Tomaten (400 g)
1 TL getrocknete ital. Kräuter
125 g Dinkelvollkornspaghetti
½ Bund Petersilie

Pro Portion: ca. 660 kcal, 30 g EW, 26 g F, 67 g KH, 16 g BST, 1,2 g Beta-Glucan

◊ Käse fein reiben, zwei Drittel davon mit den Haferflocken, dem Ei und 75 ml Brühe in eine Schüssel geben. Mit Salz und Pfeffer würzen, alles gut vermischen und etwa 15 Minuten quellen lassen.

◊ Den Lauch putzen und gut waschen, die Möhre putzen und schälen, beides in etwa ½ cm große Würfel schneiden. Die Zwiebel und den Knoblauch schälen und in feine Würfel schneiden. Das Öl in einer Pfanne erhitzen, Lauch, Möhre, Zwiebel und Knoblauch darin bei mittlerer Hitze etwa 3 Minuten anbraten. Haferflockenmasse dazugeben und 3 bis 4 Minuten unter Wenden mitbraten. Das Tomatenmark hinzufügen und kurz andünsten. Tomaten, Kräuter und restliche Brühe dazugeben, mit Salz und Pfeffer würzen. Aufkochen und halb zugedeckt bei schwacher Hitze 10 bis 15 Minuten köcheln lassen, dabei mehrfach umrühren.

◊ Nudeln in reichlich kochendem Salzwasser nach Packungsanweisung bissfest garen. Abgießen und abtropfen lassen, dabei 100 ml Kochwasser auffangen. Die Pasta mit der Gemüse-Flocken-Sauce und eventuell etwas Kochwasser mischen. Die Petersilie waschen und trocken schütteln, die Blätter abzupfen und fein hacken. Die Nudeln in tiefen Tellern anrichten, mit der Petersilie und dem übrigem Käse bestreuen.

BETA-GLUCAN INSGESAMT: 5,1 G

HAFERSCHNITTEN MIT LINSENAUFSTRICH

Für 2 Personen
Zubereitung: 30 Minuten
Abkühlen: 30 Minuten

30 g getrocknete Tomaten (in Öl)
1 Schalotte
2 EL Olivenöl
50 g rote Linsen
100 ml Gemüsebrühe
1 TL getrocknete ital. Kräuter
½ TL edelsüßes Paprikapulver
Salz, Pfeffer aus der Mühle
150 g rote und gelbe Cocktailtomaten
4 Stiele Petersilie
2 TL Aceto balsamico
4 Scheiben Dinkelvollkornbrot mit Hafer
(à ca. 50 g; Rezept Seite 34)

Pro Portion: ca. 470 kcal, 17 g EW, 16 g F,
60 g KH, 10 g BST, 0,8 g Beta-Glucan

◊ Am Vortag für den Aufstrich die getrockneten Tomaten abtropfen lassen und klein
schneiden. Die Schalotte schälen, in feine
Würfel schneiden und in einem kleinen Topf
in 1 EL Öl bei mittlerer Hitze andünsten. Die
getrockneten Tomaten und die Linsen dazugeben, mit der Brühe ablöschen, mit den

Kräutern und dem Paprikapulver würzen.
Aufkochen und zugedeckt bei schwacher
Hitze 10 bis 12 Minuten köcheln lassen, bis
die Linsen gar sind. Vom Herd nehmen und
mit dem Stabmixer fein pürieren, mit Salz
und Pfeffer würzen. Den Aufstrich etwa
30 Minuten abkühlen lassen. Dann bis zum
nächsten Tag kühl stellen.

◊ Am nächsten Tag die Tomaten waschen
und vierteln. Die Petersilie waschen, trocken
schütteln, die Blätter abzupfen und – bis auf
ein paar Blätter zum Garnieren – in feine
Streifen schneiden. Die Tomaten mit Petersilie, Essig, Salz und Pfeffer mischen.

◊ Das übrige Öl in einer großen Pfanne
erhitzen und die Brotscheiben darin auf
beiden Seiten etwa 2 Minuten anrösten.
Aus der Pfanne nehmen und mit dem Lin-
senaufstrich bestreichen. Den Tomatenmix
darauf verteilen und mit der beiseitegelegten Petersilie garnieren.

HAFERBÄLLCHEN AUF COLESLAW

Für 2 Personen
Zubereitung: 40 Minuten

100 g zarte Haferflocken
1 dünne Frühlingszwiebel
1 EL geschroteter Leinsamen
1 TL Currypulver, Salz
150 g Naturjoghurt (1,5 % Fett)
½ TL gemahlener Kreuzkümmel
½ TL Chilipulver
6 Stiele Koriandergrün
250 g Spitzkohl
1 kleiner säuerlicher Apfel
(z. B. Elstar; ca. 125 g)
1 EL Zitronensaft, 1 EL natives Kokosöl

Pro Portion: ca. 390 kcal, 14 g EW, 12 g F,
49 g KH, 11 g BST, 2 g Beta-Glucan

◊ Die Haferflocken mit 150 ml kochendem Wasser übergießen und zugedeckt etwa 10 Minuten quellen lassen. Inzwischen die Frühlingszwiebel putzen, waschen und das Weiße und Hellgrüne in feine Würfel schneiden. In einer Schüssel die Haferflocken, Fruhlingszwiebel, Leinsamen, Curry und ¼ TL Salz gut vermischen. Aus der Hafermasse 10 bis 12 Bällchen formen und etwa 10 Minuten ruhen lassen.

◊ Joghurt mit Kreuzkümmel und Chilipulver in einer Schüssel verrühren. Den Koriander waschen und trocken schütteln, die Blätter abzupfen und – bis auf einige Blätter zum Garnieren – fein hacken und zum Joghurt geben. Den Spitzkohl putzen, waschen, vom Strunk befreien und in feine Streifen schneiden. Mit Salz bestreuen und 2 bis 3 Minuten verkneten. Apfel waschen, vierteln, entkernen und grob raspeln, mit Zitronensaft und Spitzkohl zur Joghurtsauce geben und gut mischen.

◊ Das Öl in einer großen Pfanne erhitzen und die Haferbällchen darin rundum bei mittlerer Hitze 5 bis 7 Minuten goldbraun braten. Herausnehmen und auf Küchenpapier kurz abtropfen lassen. Den Coleslaw auf Teller verteilen und die Bällchen darauf anrichten. Mit dem Koriander garnieren und sofort servieren.

BLUMENKOHL-KÜRBIS-CRUMBLE

Für 2 Personen
Zubereitung: 30 Minuten
Backen: 30–35 Minuten

350 g Hokkaidokürbis
300 g Blumenkohl (ohne grüne Blätter)
6 ZweigeThymian
4 EL Olivenöl
Salz, Pfeffer aus der Mühle
½ TL rosenscharfes Paprikapulver
40 g Bergkäse (am Stück;
mind. 45 % Fett i.Tr.)
75 g zarte Haferflocken
30 g weiche Butter
½ Bio-Zitrone, 100 g Magerquark
100 g Naturjoghurt (3,5 % Fett)
1 TL Leinöl
½ Bund Petersilie

Pro Portion: ca. 680 kcal, 24 g EW, 46 g F,
37 g KH, 10 g BST, 1,5 g Beta-Glucan

◊ Backofen auf 190 °C vorheizen. Den Kürbis waschen und entkernen, zuerst in 3 bis 4 cm breite Spalten und diese dann quer in Scheiben schneiden. Den Blumenkohl putzen, waschen und in kleinen Röschen vom Strunk schneiden.

◊ Den Thymian waschen, trocken schütteln und die Blättchen abzupfen. Das Olivenöl mit Salz, Pfeffer und Paprikapulver in einer Schüssel verrühren. Kürbis, Blumenkohl und Thymian dazugeben, alles gut mischen und in eine Auflaufform (etwa 20 x 30 cm) füllen. 100 ml Wasser angießen und das Gemüse im Ofen auf der mittleren Schiene etwa 15 Minuten backen.

◊ Inzwischen für die Streusel den Käse fein reiben. Mit den Haferflocken, der Butter und etwas Salz mit den Händen krümelig verkneten. Die Streusel über dem Gemüse verteilen und alles bei gleicher Einstellung weitere 15 bis 20 Minuten goldbraun backen.

◊ Für den Dip die Zitrone heiß waschen, trocken reiben, die Schale fein abreiben und den Saft auspressen. Beides mit Quark, Joghurt und Leinöl verrühren, mit Salz und Pfeffer würzen. Petersilie waschen, trocken schütteln und die Blätter abzupfen, einige Blätter zum Garnieren beiseitelegen, den Rest fein hacken und unter den Dip mischen. Den Blumenkohl-Kürbis-Crumble aus dem Ofen nehmen, mit der Petersilie garnieren und mit dem Dip servieren.

BETA-GLUCAN INSGESAMT: 4,3 G

MÜSLI NACH BIRCHER ART

Für 2 Personen
Zubereitung: 20 Minuten
Quellen: 8 Stunden (über Nacht)

100 g ganze Haferkörner (möglichst Nackthafer; siehe Seite 13)
2 EL Amarant
1 EL geschroteter Leinsamen
1 säuerlicher Apfel (z. B. Elstar; ca. 150 g)
2 TL Zitronensaft
1 Orange
1 Dattel (z. B. Medjool)
30 g Walnusskerne
200 g Naturjoghurt (3,5 % Fett)
1 EL ausgelöste Granatapfelkerne (aus dem Kühlregal)

Pro Portion: ca. 540 kcal, 16 g EW, 21 g F, 64 g KH, 12 g BST, 1,9 g Beta-Glucan

◊ Am Vorabend die Haferkörner in der Getreidemühle, der Kaffeemühle oder im Küchenmixer grob schroten. Haferschrot, Amarant und Leinsamen in einer Schüssel mit 200 ml kaltem Wasser verrühren und 8 Stunden, am besten über Nacht, zugedeckt im Kühlschrank quellen lassen.

◊ Am nächsten Tag den Apfel waschen, vierteln, entkernen und grob reiben, sofort mit dem Zitronensaft beträufeln. Die Orange so schälen, dass die weiße Haut mit entfernt wird. Die Orangenfilets mit einem scharfen Messer zwischen den Trennhäuten herausschneiden, dabei den abtropfenden Saft auffangen und die Fruchtreste auspressen. Die Dattel aufschneiden, entkernen und in kleine Würfel schneiden. Die Nüsse hacken.

◊ Apfel, Dattel und zwei Drittel der Nüsse mit dem Joghurt und dem Orangensaft unter den Frischkornbrei rühren. Das Müsli in Schalen füllen, die Orangenfilets darauf verteilen und mit den übrigen Nüssen und den Granatapfelkernen bestreuen.

Dr. Riedls Gesundheitstipp:
Nackthafer gibt es im Bioladen zu kaufen. Er bietet noch etwas mehr Vitalstoffe und Fette als „normaler" Hafer und ist für rohe Hafergerichte die beste Wahl.

ROTE-BETE-CARPACCIO

Für 2 Personen
Zubereitung: 30 Minuten
Marinieren: 30 Minuten

2 EL Rotweinessig
2 EL Orangensaft
Salz, Pfeffer aus der Mühle
2 EL Olivenöl
2 kleine Knollen Rote Bete (à ca. 150 g)
15 g Walnusskerne, 2 Zweige Thymian
30 g kernige Haferflocken
2 TL flüssiger Honig
2 Ziegenkäsetaler (à ca. 40 g)
2 Scheiben Dinkelvollkornbrot mit Hafer
(à ca. 50 g; Rezept Seite 34)

Pro Portion: ca. 470 kcal, 12 g EW, 36 g F, 46 g KH, 8 g BST, 1 g Beta-Glucan

◊ In einer Schüssel den Essig, den Saft, Salz, Pfeffer und das Öl gründlich verquirlen. Die Roten Beten putzen, schälen und mit dem Gemüsehobel in dünne Scheiben hobeln, dabei am besten Einmalhandschuhe tragen, da die Knollen stark abfärben. Die Rote-Bete-Scheiben in der Vinaigrette wenden und etwa 30 Minuten marinieren.

◊ Inzwischen den Backofen auf 200 °C vorheizen. Walnüsse hacken. Thymian waschen, trocken schütteln und die Blättchen abzupfen. Nüsse und Thymian mit Haferflocken, Honig und 1 Prise Salz mischen. Die Ziegenkäsetaler auf ein mit Backpapier belegtes Backblech setzen. Den Hafer-Honig-Mix darübergeben und den Käse im Ofen auf der mittleren Schiene 10 bis 12 Minuten leicht goldbraun überbacken.

◊ Die Rote-Bete-Scheiben in einem Sieb abtropfen lassen, dabei die Vinaigrette in einer kleinen Schüssel auffangen. Scheiben auf zwei Tellern leicht überlappend auslegen und mit der Vinaigrette beträufeln.

◊ Den Ziegenkäse mit Crunch-Kruste aus dem Ofen nehmen, auf dem Carpaccio anrichten und mit dem Brot sofort servieren.

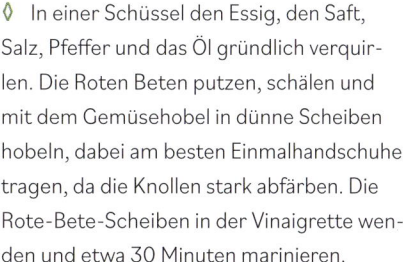

SPINATKNÖDEL MIT TOMATENSAUCE

Für 2 Personen
Zubereitung: 1 Stunde

---

150 ml Milch (1,5 % Fett)
Salz, Pfeffer aus der Mühle
frisch geriebene Muskatnuss
150 g zarte Haferflocken
200 g junger Blattspinat
1 kleine Zwiebel
1 Knoblauchzehe
2 EL Olivenöl
40 g Parmesan (am Stück)
1 Ei (Größe M)
150 g Staudensellerie
100 g Frühlingszwiebeln
1 Dose stückige Tomaten (400 g)

Pro Portion: ca. 610 kcal, 29 g EW, 25 g F,
60 g KH, 14 g BST, 3 g Beta-Glucan

◊ Die Milch erhitzen, mit Salz, Pfeffer und Muskatnuss würzen. Die Haferflocken in eine Schüssel geben, mit der heißen Milch übergießen und gut mischen. Zugedeckt etwa 15 Minuten quellen lassen.

◊ Den Spinat verlesen, waschen und gut abtropfen lassen. Zwiebel und Knoblauch schälen und fein würfeln. Die Zwiebel in einer großen Pfanne in 1 EL Öl bei mittlerer Hitze glasig dünsten. Knoblauch und Spinat dazugeben und zugedeckt 2 bis 3 Minuten dünsten, bis der Spinat zusammengefallen ist. Spinatmix in einem Sieb gut abtropfen und lauwarm abkühlen lassen.

◊ Den Käse fein reiben. Den Spinatmix mit den Händen gut ausdrücken, dann sehr fein hacken und mit dem Ei in einer Schüssel verquirlen. Die Haferflocken-Milch und die Hälfte des Parmesans dazugeben, mit Salz und Pfeffer würzen. Alles mit den Händen zu einem glatten Teig verkneten. Daraus mit angefeuchteten Händen 6 gleich große Knödel formen und bis zum Garen ruhen lassen.

◊ Den Sellerie putzen, waschen und in etwa ½ cm große Würfel schneiden. Die Frühlingszwiebeln putzen, waschen und in feine Ringe schneiden. Beides im übrigen Öl in einem Topf andünsten. Tomaten dazugeben, mit Salz und Pfeffer würzen und die Sauce offen bei mittlerer Hitze etwa 15 Minuten köcheln lassen, evtl. nachwürzen.

◊ In einem Topf reichlich Salzwasser aufkochen, die Knödel darin bei sehr schwacher Hitze etwa 10 Minuten gar ziehen lassen. Mit der Schaumkelle herausnehmen, kurz abtropfen und mit der Tomatensauce anrichten. Mit dem übrigen Käse bestreuen.

BETA-GLUCAN INSGESAMT: 5,9 G

PANCAKE-SANDWICHES MIT LACHS

Für 2 Personen
Zubereitung: 35 Minuten

80 g zarte Haferflocken
20 g Haferkleieflocken
½ TL Weinstein-Backpulver
1 Ei (Größe L)
150 ml Milch (1,5 % Fett)
50 ml kohlensäurehaltiges Mineralwasser
Salz, Pfeffer aus der Mühle
½ Bund Dill
100 g Frischkäse (mind. 20 % Fett i.Tr.)
2 TL Zitronensaft
200 g Salatgurke
2 EL Olivenöl
75 g Räucherlachs (in Scheiben)

Pro Portion: ca. 510 kcal, 28 g EW, 25 g F, 39 g KH, 6 g BST, 2,3 g Beta-Glucan

◊ Die Haferflocken im Blitzhacker fein mahlen, mit den Kleieflocken und dem Backpulver in einer Schüssel mischen. Das Ei mit Milch und Mineralwasser in einer zweiten Schüssel verquirlen, die Flockenmischung dazugeben und alles zu einem dickflüssigen Teig verrühren. Mit Salz und Pfeffer würzen und etwa 10 Minuten quellen lassen.

◊ Inzwischen den Dill waschen und trocken schütteln, die Spitzen abzupfen und – bis auf einige Dillspitzen zum Garnieren – fein hacken. Frischkäse, 1 EL Wasser, Zitronensaft und Dill verrühren, leicht mit Salz und Pfeffer würzen. Die Gurke putzen, waschen und in dünne Scheiben schneiden.

◊ Den Backofen auf 100 °C vorheizen. In einer großen Pfanne 1 EL Öl erhitzen. Die Hälfte des Teigs in vier 1- bis 2-esslöffel-großen Portionen in die Pfanne setzen und bei mittlerer Hitze auf jeder Seite 3 bis 4 Minuten goldbraun braten. Die fertigen Pancakes im Ofen warm halten. Die zweite Teighälfte im übrigen Öl auf dieselbe Weise zu Pancakes braten.

◊ Die Hälfte der Pancakes mit dem Frischkäse bestreichen, die Gurkenscheiben leicht überlappend darauf anrichten und mit jeweils einem zweiten Pancake belegen. Die Pancake-Sandwiches mit dem Räucherlachs auf Tellern anrichten und mit den Dillspitzen garnieren.

RÖSTBLUMENKOHL-FLOCKEN-SALAT

Für 2 Personen
Zubereitung: 45 Minuten

½ kleiner Blumenkohl (ohne Blätter)
2 Möhren (ca. 150 g)
1 kleine rote Zwiebel
125 g Kichererbsen (aus der Dose)
4 EL Olivenöl, 2 TL Harissapaste
Salz, Pfeffer aus der Mühle
50 g kernige Haferflocken
2 EL Weißweinessig
1 TL Ahornsirup
100 g Cocktailtomaten
6 Stiele Koriandergrün
100 g Sojajoghurt natur
1 EL Tahin (Sesampaste)

Pro Portion: ca. 520 kcal, 16 g EW, 29 g F, 41 g KH, 12 g BST, 1 g Beta-Glucan

◊ Den Backofen mit einem Backblech auf der mittleren Schiene auf 200 °C vorheizen. Den Blumenkohl putzen, waschen und in kleine Röschen vom Strunk schneiden. Die Möhren putzen, schälen und schräg in etwa 1 cm breite Stücke schneiden. Die Zwiebel schälen und in dünne Spalten schneiden. Die Kichererbsen abgießen, abbrausen und abtropfen lassen.

◊ In einer Schüssel 2 EL Öl, Harissa, Salz und Pfeffer gut verrühren. Blumenkohl, Möhren, Zwiebel, Kichererbsen und Hafer- flocken in die Würzsauce geben und gründ- lich vermischen. Dann die Gemüsemischung auf dem Blech verteilen und im Ofen etwa 20 Minuten braten, zwischendurch wenden.

◊ Inzwischen in einer Schüssel den Essig, 2 EL Wasser, den Ahornsirup, Salz und Pfeffer verquirlen, das übrige Öl mit dem Schneebesen unterschlagen. Die heiße Blumenkohlmischung in das Dressing geben und etwa 15 Minuten durchziehen lassen.

◊ Die Tomaten waschen und halbieren. Ko- riander waschen und trocken schütteln, die Blätter abzupfen und – bis auf einige Blätter zum Garnieren – grob hacken. Beides zu- letzt unter den Salat heben. Den Joghurt mit dem Tahin glatt rühren und mit Salz würzen. Den Salat mit dem Joghurt anrichten und mit Koriander garnieren.

GEMÜSECURRY MIT CASHEWS

Für 2 Personen
Zubereitung: 40 Minuten

20 g Cashewkerne
70 g kernige Haferflocken
350 ml Gemüsebrühe
2 Möhren (ca. 120 g)
250 g Hokkaidokürbis
1 Stück Ingwer (ca. 20 g)
1 Zwiebel
1 Knoblauchzehe
1 EL natives Kokosöl
1 ½ EL rote Thai-Currypaste
¼ l ungesüßte Kokosmilch (aus der Dose)
250 g Brokkoli
50 g tiefgekühlte Erbsen
4 Stiele Koriandergrün
Salz, Pfeffer aus der Mühle
2 Bio-Limettenspalten

Pro Portion: ca. 670 kcal, 17 g EW, 44 g F, 48 g KH, 15 g BST, 1,4 g Beta-Glucan

◊ Cashewkerne hacken. Mit 30 g Haferflocken in einer kleinen Pfanne ohne Fett bei mittlerer Hitze anrösten. Vom Herd nehmen und auf einem Teller abkühlen lassen. Die übrigen Haferflocken in einem hohen Rühr-becher mit 150 ml Brühe übergießen und 15 bis 20 Minuten einweichen, danach mit dem Stabmixer fein pürieren.

◊ Inzwischen die Möhren putzen, schälen und in Scheiben schneiden. Den Kürbis waschen, entkernen und ungeschält in etwa 1 cm große Würfel schneiden. Ingwer, Zwiebel und Knoblauch schälen, in feine Würfel schneiden und in einem weiten Topf oder einer Pfanne im Öl bei mittlerer Hitze etwa 3 Minuten anbraten. Möhren und Kürbis dazugeben und bei mittlerer Hitze etwa 3 Minuten mitbraten. Die Currypaste untermischen und kurz mitbraten. Kokos-milch, Haferflockenpüree und übrige Brühe dazugießen. Alles gut verrühren und zuge-deckt bei schwacher Hitze etwa 15 Minuten köcheln lassen.

◊ In der Zwischenzeit den Brokkoli putzen, waschen und in Röschen vom Strunk schnei-den, den Strunk schälen und in kleine Würfel schneiden. Die Erbsen antauen lassen. Mit dem Brokkoli unter das Curry mischen und zugedeckt weitere 5 Minuten garen.

◊ Den Koriander waschen, trocken schüt-teln und die Blätter abzupfen. Das Curry mit Salz und Pfeffer abschmecken, mit dem Flockenmix und Koriander bestreuen und mit Limettenspalten servieren.

BETA-GLUCAN INSGESAMT: 4,7 G

GRÜNE SMOOTHIE-BOWL

Für 2 Personen
Zubereitung: 20 Minuten

1 grüner Apfel (ca. 150 g;
z. B. Granny Smith)
1 große Banane
60 g junger Blattspinat
80 g zarte Haferflocken
300 ml ungesüßter Haferdrink (Fertigprodukt oder selbst gemacht; siehe Seite 32)
2 TL Zitronensaft
30 g Mandelkerne
80 g Blaubeeren
2 EL kernige Haferflocken
2 EL geschälte Hanfsamen

Pro Portion: ca. 510 kcal, 14 g EW, 18 g F,
64 g KH, 14 g BST, 2,5 g Beta-Glucan

◊   Den Apfel waschen, vierteln, entkernen
und in Stücke schneiden. Die Banane quer
halbieren, eine Hälfte beiseitelegen, die
zweite Hälfte schälen und in grobe Stücke
schneiden. Spinat verlesen, waschen und
trocken schleudern, grobe Stiele entfernen.

◊   Apfel, Bananenstücke, Spinat und zarte
Haferflocken in einen hohen Rührbecher
oder in den Mixer geben. Den Haferdrink
und den Zitronensaft hinzufügen. Erst alles
auf kleiner, dann auf höchster Stufe mit dem
Stabmixer oder im Küchenmixer zu einem
cremigen Smoothie pürieren. Die Mischung
etwa 10 Minuten quellen lassen.

◊   Inzwischen die Mandeln in einer kleinen
Pfanne ohne Fett bei mittlerer Hitze goldbraun rösten. Vom Herd nehmen, abkühlen
lassen und grob hacken. Die übrige Banane
schälen und schräg in Scheiben schneiden.
Die Blaubeeren verlesen, in einem Sieb kurz
abbrausen und abtropfen lassen.

◊   Den Smoothie auf Schalen (Bowls) verteilen. Mit den Blaubeeren, Bananenschei-
ben, Haferflocken, Mandeln und Hanfsamen
belegen und sofort servieren.

ROHKOSTSALAT MIT NUSSJOGHURT

Für 2 Personen
Zubereitung: 30 Minuten

100 g ganze Haferkörner
Salz
150 g Brokkoliröschen
2 Möhren (ca. 125 g)
1 säuerlicher Apfel (z. B. Elstar; ca. 125 g)
4 EL Apfelessig
¼ TL Currypulver
Pfeffer aus der Mühle
2 EL Olivenöl
2 EL Walnussöl
½ Beet Gartenkresse
30 g gemischte Nusskerne (z. B. Hasel-
nuss-, Walnuss-, Cashewkerne)
150 g Joghurt nach griech. Art (5 % Fett)
1 EL Zitronensaft

Pro Portion: ca. 610 kcal, 16 g EW, 37 g F,
46 g KH, 13 g BST, 1,9 g Beta-Glucan

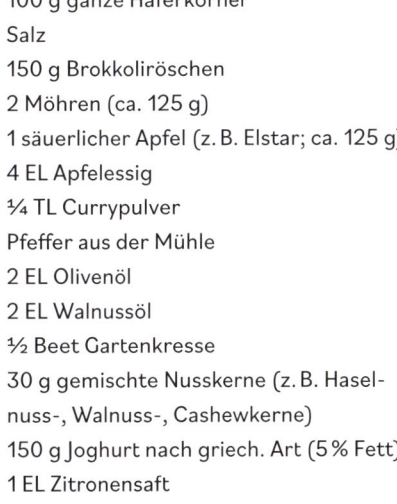

◊ Die Haferkörner in einem Topf ohne Fett etwa 3 Minuten anrösten. 200 ml Wasser und ½ TL Salz dazugeben und die Körner zugedeckt bei schwacher bis mittlerer Hitze etwa 25 Minuten garen, danach offen ausdampfen lassen.

◊ Inzwischen den Brokkoli putzen, waschen und in kleinere Röschen teilen oder fein hacken. Möhren putzen und schälen, erst längs in dünne Scheiben, dann quer in feine Stifte schneiden. Den Apfel waschen, achteln, entkernen und quer in dünne Scheiben schneiden. Für das Dressing den Essig, Curry, Salz und Pfeffer verrühren, beide Ölsorten unterrühren. Die Kresse vom Beet schneiden, kurz abbrausen und – bis auf 1 EL zum Garnieren – unter die Vinaigrette mischen. Dann Brokkoli, Möhren, Apfel und den gegarten Hafer dazugeben. Alles gut mischen und etwa 10 Minuten ziehen lassen.

◊ Die Nüsse hacken und in einer kleinen Pfanne ohne Fett bei mittlerer Hitze rösten, bis sie duften. Vom Herd nehmen und abkühlen lassen. Den Joghurt mit Zitronensaft, Salz und Pfeffer verrühren.

◊ Den Salat in Schalen oder auf Tellern anrichten. Joghurt daraufgeben und mit den Nüssen und der übrigen Kresse bestreuen.

HAFERBRATLINGE MIT GEMÜSE

Für 2 Personen
Zubereitung: 45 Minuten

30 g Sonnenblumenkerne
120 g zarte Haferflocken
200 ml Gemüsebrühe
2 Frühlingszwiebeln
1 Knoblauchzehe
5 EL Olivenöl
1 Zucchini (ca. 150 g)
½ Aubergine (ca. 150 g)
1 gelbe Paprikaschote
1 rote Zwiebel
4 Zweige Thymian
200 g passierte Tomaten (aus der Dose)
Salz, Pfeffer aus der Mühle
2 Eier (Größe M)
1 ½ EL Dinkelmehl (Type 630)

Pro Portion: ca. 730 kcal, 24 g EW, 41 g F,
59 g KH, 12 g BST, 2,4 g Beta-Glucan

◊ Die Sonnenblumenkerne im Blitzhacker zerkleinern, dann mit den Haferflocken in einer Schüssel mischen und mit 150 ml kochender Brühe übergießen. Zugedeckt etwa 30 Minuten quellen lassen.

◊ Inzwischen die Frühlingszwiebeln putzen und waschen, das Weiße in kleine Würfel und das Grüne in feine Ringe schneiden. Den Knoblauch schälen und in feine Würfel schneiden. Alles in einer Pfanne in 1 EL Öl bei mittlerer Hitze etwa 2 Minuten dünsten. Abkühlen lassen.

◊ Zucchini, Aubergine und Paprika putzen und waschen. Die Zucchini in Scheiben, Aubergine und Paprika in etwa 2 cm große Stücke schneiden. Die Zwiebel schälen und in Spalten schneiden. Thymian waschen und trocken schütteln, die Blättchen abstreifen und fein hacken. In einer großen Pfanne 2 EL Öl erhitzen, Gemüsestücke und Zwiebel darin bei mittlerer bis starker Hitze etwa 5 Minuten anbraten, dabei öfter wenden. Die Tomaten und die übrige Brühe dazugeben, mit Salz, Pfeffer und Thymian würzen. Zugedeckt bei schwacher Hitze etwa 20 Minuten schmoren.

◊ Frühlingszwiebeln, Eier und Mehl zum Haferflockenmix geben, mit Salz und Pfeffer würzen und gut mischen. Aus der Masse vier Bratlinge formen und diese im übrigen Öl in einer großen Pfanne auf jeder Seite etwa 5 Minuten goldbraun braten. Die Haferbratlinge aus der Pfanne nehmen und mit dem Gemüse servieren.

BETA-GLUCAN INSGESAMT: 6,8 G

TOMATEN-PORRIDGE MIT EI

Für 2 Personen
Zubereitung: 20 Minuten
Garen: 15 Minuten

1 kleine rote Zwiebel
1 EL Olivenöl
1 TL Butter
je 50 g kernige und zarte Haferflocken
150 ml Tomatensaft
125 ml Gemüsebrühe
20 g Parmesan (am Stück)
50 g tiefgekühlte Erbsen
Salz, Pfeffer aus der Mühle
2 Eier (Größe L)
¼ Bund Schnittlauch

Pro Portion: ca. 470 kcal, 24 g EW, 23 g F, 38 g KH, 7 g BST, 2 g Beta-Glucan

◊ Die Zwiebel schälen und in feine Würfel schneiden. Das Öl und die Butter in einem Topf erhitzen und die Zwiebel darin bei mittlerer Hitze glasig dünsten. Die Haferflocken dazugeben und kurz mitrösten. Mit dem Tomatensaft und der Brühe ablöschen und offen bei schwacher Hitze etwa 3 Minuten köcheln, bis ein cremiger Brei entsteht.

◊ Inzwischen den Käse fein reiben. Den Haferbrei vom Herd nehmen, die Erbsen und die Hälfte des Käses unterheben. Mit Salz und Pfeffer würzen und auf zwei Schraub- oder Einmachgläser (à ca. ¼ l Inhalt) verteilen. Je 1 Ei aufschlagen und in jedes Glas auf den Porridge geben.

◊ Die Gläser verschließen und in einen Topf mit kochendem Wasser stellen, sodass die Gläser bis zur Hälfte der Höhe im Wasser stehen. Zugedeckt bei mittlerer Hitze etwa 15 Minuten garen, bis die Eier gestockt sind.

◊ Den Schnittlauch waschen, gut trocken schütteln und in feine Röllchen schneiden. Die Gläser mit einem Tuch oder Topflappen aus dem Wasser nehmen. Den Deckel abnehmen und den Porridge mit dem übrigen Käse und dem Schnittlauch bestreuen.

HAFERSCHNITTEN MIT HUMMUS

Für 2 Personen
Zubereitung: 20 Minuten

75 g Kichererbsen (aus der Dose)
2 EL Olivenöl, 2 TL Tahin (Sesampaste)
1 TL Zitronensaft
¼ TL gemahlener Kreuzkümmel
¼ TL rosenscharfes Paprikapulver
Salz, Pfeffer aus der Mühle
125 g vorgegarte Rote Bete (vakuumiert)
40 g junger Blattspinat
4 Scheiben Dinkelvollkornbrot mit Hafer
(à ca. 50 g; Rezept Seite 34)
½ Knoblauchzehe
1 TL ungeschälte Sesamsamen

Pro Portion: ca. 460 kcal, 14 g EW, 19 g F,
51 g KH, 10 g BST, 1 g Beta-Glucan

◊ Die Kichererbsen in einem Sieb abbrausen, abtropfen lassen und in einen hohen
Rührbecher geben. Jeweils 1 EL Wasser und
Öl sowie Tahin, Zitronensaft, Kreuzkümmel
und Paprikapulver hinzufügen und alles mit
dem Stabmixer fein pürieren. Hummus mit
Salz und Pfeffer würzen.

◊ Die Rote Bete abtropfen lassen und in
dünne Scheiben schneiden. Den Spinat verlesen, abbrausen und trocken schleudern.
Die Brotscheiben im Toaster oder in einer
Pfanne ohne Fett bei mittlerer Hitze auf beiden Seiten rösten. Herausnehmen, mit der
aufgeschnittenen Knoblauchzehe einreiben
und mit dem übrigen Öl beträufeln.

◊ Die Brotscheiben mit dem Hummus bestreichen. Erst die Spinatblätter, dann die
Rote-Bete-Scheiben darauflegen und mit
dem Sesam bestreuen.

Dr. Riedls Gesundheitstipp:
Dank komplexer Kohlenhydrate und Ballast-
stoffe machen die Haferschnitten lange satt.
Sie sorgen zudem für einen ausgeglichenen
Blutzuckerspiegel und verhindern Heißhun-
gerattacken.

GEMÜSEPFANNE MIT GARNELEN

Für 2 Personen
Zubereitung: 30 Minuten

125 g ganze Haferkörner
Salz
300 g Blumenkohl (ohne grüne Blätter)
1 große rote Paprikaschote (ca. 200 g)
300 g Mangold
2 Knoblauchzehen
250 g rohe Garnelen (küchenfertig;
ohne Kopf und Schale)
4 EL Olivenöl
Pfeffer aus der Mühle
1 EL Tomatenmark
2 EL scharfes Ajvar
200 ml Gemüsebrühe
6 Stiele Petersilie
2 EL Zitronensaft

Pro Portion: ca. 630 kcal, 37 g EW, 30 g F,
46 g KH, 14 g BST, 2,5 g Beta-Glucan

◊ Die Haferkörner in einem Topf ohne Fett etwa 3 Minuten anrösten. ¼ l Wasser und ½ TL Salz dazugeben, aufkochen und zugedeckt bei mittlerer Hitze etwa 25 Minuten kochen, bis der Hafer gar ist.

◊ Inzwischen den Blumenkohl putzen, waschen und in kleine Röschen schneiden. Die Paprika längs halbieren, entkernen, waschen und in etwa 2 cm große Stücke schneiden. Den Mangold putzen und waschen, die Blätter und Stiele jeweils längs halbieren und getrennt in etwa 1 cm breite Streifen schneiden. Knoblauch schälen und in dünne Scheiben schneiden. Garnelen abbrausen, abtropfen lassen und trocken tupfen.

◊ In einer großen Pfanne 2 EL Öl erhitzen. Den Blumenkohl darin bei mittlerer bis starker Hitze unter Wenden 8 bis 10 Minuten braun anbraten, dabei Mangoldstiele und Paprika nach etwa 4 Minuten dazugeben. Die Gemüsemischung herausnehmen.

◊ Das restliche Öl in der Pfanne erhitzen, die Garnelen darin bei mittlerer bis starker Hitze rundum etwa 3 Minuten anbraten. Erst den Knoblauch, dann den Blumenkohlmix und den Hafer dazugeben, mit Salz und Pfeffer würzen. Tomatenmark und Ajvar unterrühren und kurz andünsten. Die Brühe und das Mangoldgrün dazugeben und alles offen bei schwacher Hitze etwa 5 Minuten garen.

◊ Petersilie waschen und trocken schütteln, die Blätter abzupfen und nach Belieben fein schneiden. Die Garnelen-Gemüse-Pfanne mit dem Zitronensaft abschmecken und mit der Petersilie bestreuen.

BETA-GLUCAN INSGESAMT 5,5 G

JOHANNISBEER-MUFFINS

Für ein 12er-Muffinblech
Zubereitung: 20 Minuten
Backen: 20 Minuten

Fett oder Papierbackförmchen
für das Blech
100 g Rote Johannisbeeren
(frisch oder tiefgekühlt)
250 g zarte Haferflocken
2 TL Weinstein-Backpulver
50 g gemahlene Mandeln
½ TL gemahlene Vanille
Salz
2 reife Bananen
¼ l Buttermilch (max. 1 % Fett)
80 ml Rapsöl
80 g dunkles Mandelmus

Pro Stück: ca. 230 kcal, 6 g EW, 14 g F,
19 g KH, 3 g BST, 1 g Beta-Glucan

◊ Den Backofen auf 200 °C vorheizen. Die Mulden des Muffinblechs einfetten oder mit Papierbackförmchen auslegen. Frische Johannisbeeren verlesen, in einem Sieb kurz abbrausen und von den Stielen zupfen. Oder tiefgekühlte Beeren antauen lassen.

◊ Die Haferflocken im Küchenmixer oder Blitzhacker zu Mehl mahlen. Das Hafermehl mit Backpulver, Mandeln, Vanille und 1 Prise Salz in eine Schüssel geben und mit dem Schneebesen gut mischen.

◊ Die Bananen schälen, in grobe Stücke schneiden und in einen hohen Rührbecher geben. Die Buttermilch und das Öl dazugießen, mit dem Stabmixer pürieren.

◊ Das Bananenpüree zum Hafermehlmix geben und alles mit dem Schneebesen zu einem glatten Teig verrühren. Die Johannisbeeren vorsichtig unterheben. Den Teig in die Mulden des Muffinblechs füllen. Muffins im Ofen auf der mittleren Schiene etwa 20 Minuten goldbraun backen.

◊ Die Muffins aus dem Ofen nehmen und auf einem Kuchengitter in der Form etwa 10 Minuten abkühlen lassen. Dann vorsichtig herauslösen und mit je 1 kleinen Klecks Mandelmus garnieren.

BUDDHA-BOWL MIT GUACAMOLE

Für 2 Personen
Zubereitung: 40 Minuten

100 g ganze Haferkörner
200 ml Gemüsebrühe
200 g Hokkaidokürbis
2 EL Olivenöl
Salz, Pfeffer aus der Mühle
½ TL rosenscharfes Paprikapulver
1 rote Spitzpaprikaschote
125 g Kidneybohnen (aus der Dose)
30 g Feldsalat
1 Frühlingszwiebel
1 Avocado, 2 TL Limettensaft
1 rote Chilischote, 2 EL Apfelessig

Pro Portion: ca. 460 kcal, 10 g EW, 25 g F, 41 g KH, 13 g BST, 1,9 g Beta-Glucan

◊ Die Haferkörner in der Getreidemühle, im Blitzhacker oder im Küchenmixer grob schroten. Die Brühe in einem Topf aufkochen, den Haferschrot einrühren und unter ständigem Rühren 2 bis 3 Minuten garen, dann auf dem ausgeschalteten Herd zugedeckt etwa 15 Minuten quellen lassen.

◊ Den Kürbis waschen, entkernen und in etwa 1 cm große Würfel schneiden. In einer Pfanne in 1 EL Öl bei mittlerer Hitze unter gelegentlichem Wenden etwa 10 Minuten braten. Mit Salz, Pfeffer und Paprikapulver würzen. Die Spitzpaprika längs halbieren, entkernen, waschen und quer in feine Streifen schneiden. Die Bohnen in ein Sieb abgießen, abbrausen und abtropfen lassen. Den Feldsalat verlesen, waschen und trocken schleudern. Die Frühlingszwiebel putzen, waschen und in feine Ringe schneiden.

◊ Die Avocado halbieren, den Kern entfernen und das Fruchtfleisch aus der Schale lösen. Mit dem Limettensaft und Salz mit einer Gabel zerdrücken. Die Chilischote längs halbieren, entkernen, waschen, in feine Würfel schneiden und unterheben.

◊ Den Haferschrot mit Essig, Salz, Pfeffer und übrigem Öl vermischen und auf Schüsseln verteilen. Kürbis, Paprika, Bohnen und Feldsalat dekorativ darauf anrichten. Die Hälfte der Guacamole in die Mitte geben und mit Frühlingszwiebelringen bestreuen. Die übrige Guacamole dazu reichen.

PFANNKUCHEN MIT PILZRAGOUT

Für 2 Personen
Zubereitung: 45 Minuten

---

100 g zarte Haferflocken, Salz
125 ml Milch (1,5 % Fett)
2 Eier (Größe M)
400 g gemischte Pilze (z. B. Austernpilze,
Champignons, Kräuterseitlinge)
2 Schalotten
4 Stiele Petersilie
2 Stiele Basilikum
30 g Bergkäse (mind. 45 % Fett i.Tr.)
4 TL Butter
1 EL Olivenöl
125 ml Gemüsebrühe
75 g Schmand (24 % Fett)
1 EL körniger Senf
Pfeffer aus der Mühle

Pro Portion: ca. 620 kcal, 29 g EW, 37 g F,
38 g KH, 9 g BST, 2 g Beta-Glucan

◊ Die Haferflocken im Küchenmixer oder Blitzhacker zu Mehl mahlen. Das Hafermehl in einer Schüssel mit ¼ TL Salz, der Milch, den Eiern und 100 ml Wasser glatt rühren. Den Teig etwa 20 Minuten quellen lassen.

◊ Inzwischen die Pilze putzen, trocken abreiben und klein scheiden. Die Schalotten schälen und in feine Würfel schneiden. Die Kräuter waschen und trocken schütteln, die Blätter abzupfen und – bis auf einige Blätter zum Garnieren – grob hacken oder schneiden. Den Käse raspeln.

◊ Den Backofen auf 100 °C vorheizen. In einer kleinen Pfanne (20 cm Ø) nacheinander jeweils 1 TL Butter erhitzen und aus dem Teig 4 dünne Pfannkuchen bei mittlerer Hitze auf jeder Seite 3 bis 4 Minuten backen. Die fertigen Pfannkuchen im Ofen warm halten.

◊ Inzwischen das Öl in einer großen Pfanne erhitzen, die Pilze und Schalotten darin bei mittlerer bis starker Hitze etwa 3 Minuten anbraten. Mit der Brühe ablöschen, den Schmand und den Senf unterrühren. Das Pilzragout offen etwa 5 Minuten cremig einkochen lassen. Mit Salz und Pfeffer würzen und die Kräuter untermischen. Zum Servieren das Ragout auf die Pfannkuchen verteilen und diese zur Hälfte umklappen. Mit dem Käse bestreuen und mit den Kräutern garnieren.

BETA-GLUCAN INSGESAMT: 4,9 G

BRATBIRNEN-PORRIDGE

Für 2 Personen
Zubereitung: 20 Minuten

1 Zweig Rosmarin
½ l Milch (1,5 % Fett)
Salz
120 g kernige Haferflocken
2 TL flüssiger Honig
20 g Haselnusskerne
1 nicht zu reife Birne
(z. B. Abate Fetel; ca. 200 g)
2 TL Butter
¼ TL Zimtpulver
1 EL Rosinen (z. B. Korinthen)
100 g Naturjoghurt (1,5 % Fett)

Pro Portion: ca. 560 kcal, 20 g EW, 20 g F,
69 g KH, 9 g BST, 2,5 g Beta-Glucan

◊ Den Rosmarin waschen. Milch mit 1 Prise Salz und Rosmarin in einem Topf bei mittlerer Hitze kurz aufkochen. Die Haferflocken dazugeben, die Hitze reduzieren und bei schwacher Hitze 3 bis 5 Minuten sanft köcheln lassen, dabei gelegentlich umrühren. Den Rosmarin entfernen, 1 TL Honig unterrühren und den Porridge bei schwacher Hitze etwa 10 Minuten nachquellen lassen.

◊ Die Nüsse in einer Pfanne ohne Fett bei mittlerer Hitze anrösten. Auf einem Teller abkühlen lassen, dann grob hacken.

◊ Die Birne waschen, vierteln und entkernen. Die Birnenviertel quer halbieren und in etwa ½ cm breite Spalten schneiden.

◊ Die Butter in der Pfanne erhitzen und die Birnenspalten darin bei mittlerer Hitze etwa 3 Minuten anbraten. Den restlichen Honig, den Zimt und die Rosinen dazugeben und noch 1 Minute mitbraten.

◊ Den Porridge in Schalen anrichten und die gebratenen Birnen samt Rosinen darauf verteilen. Jeweils 1 Klecks Joghurt daraufgeben und mit den Nüssen bestreuen. Nach Belieben mit etwas Zimt bestäuben.

HAFERFLOCKEN-BURGER

Für 2 Personen
Zubereitung: 45 Minuten

1 kleine Zwiebel, 3 EL Rapsöl
100 g zarte Haferflocken
1 TL Tomatenmark
1 TL scharfer Senf
Salz, Pfeffer aus der Mühle
125 ml Gemüsebrühe
1 Ei (Größe M)
2 große Mehrkorn-Vollkornbrötchen
2–3 Kopfsalatblätter (ca. 50 g)
½ Mini-Salatgurke (ca. 50 g)
2 EL scharfes Ajvar
2 Holzspieße

Pro Portion: ca. 600 kcal, 20 g EW, 3 g F,
66 g KH, 11 g BST, 2 g Beta-Glucan

◊ Die Zwiebel schälen und in feine Würfel schneiden. In einem Topf 1 EL Öl erhitzen und die Zwiebel darin bei mittlerer Hitze glasig dünsten. Die Haferflocken dazugeben und kurz mit anrösten. Tomatenmark und Senf unterrühren, mit Salz und Pfeffer würzen und alles gut vermischen. Mit der Brühe aufgießen, alles gut verrühren und zugedeckt ohne Hitzezufuhr etwa 10 Minuten quellen lassen.

◊ Den Topf vom Herd nehmen, das Ei unter die Flockenmischung rühren. Dann aus der Masse mit angefeuchteten Händen 2 Burger-Pattys formen. Das übrige Öl in einer Pfanne erhitzen und die Pattys darin auf beiden Seiten bei mittlerer Hitze etwa 10 Minuten anbraten. Herausnehmen und auf Küchenpapier kurz abtropfen lassen.

◊ Inzwischen die Brötchen aufschneiden und auf dem Toaster rösten. Die Salatblätter waschen, trocken schütteln und in grobe Stücke zupfen. Die Gurke waschen und in dünne Scheiben schneiden.

◊ Zum Servieren beide Brötchenhälften mit je ½ EL Ajvar bestreichen, auf die Unterseite erst den Salat, dann die Gurkenscheiben und das Hafer-Patty legen. Zum Schluss die Brötchenoberseite auflegen und das Ganze mit einem Holzspieß fixieren. Die Burger sofort servieren.

ROSENKOHLEINTOPF MIT WÜRSTCHEN

Für 2 Personen
Zubereitung: 45 Minuten

300 g Rosenkohl
1 Stange Lauch (ca. 250 g)
200 g Süßkartoffel
1 Zwiebel
25 g getrocknete Tomaten (in Öl)
3 Zweige Majoran
2 EL Olivenöl
125 g Hafergrütze
¾ l Gemüsebrühe
1 Lorbeerblatt
Salz, Pfeffer aus der Mühle
2 Geflügel-Wiener-Würstchen (ca. 120 g)

Pro Portion: ca. 650 kcal, 31 g EW, 25 g F,
66 g KH, 18 g BST, 2,4 g Beta-Glucan

◊ Den Rosenkohl putzen, waschen und die Röschen halbieren. Den Lauch putzen, waschen und das Weiße und Hellgrüne schräg in etwa 1 cm breite Scheiben schneiden. Die Süßkartoffel schälen und in 1 bis 2 cm große Würfel schneiden. Die Zwiebel schälen und in feine Würfel schneiden. Die Tomaten abtropfen lassen und in kleine Würfel schneiden. Den Majoran waschen und trocken schütteln, Blättchen abzupfen und fein hacken.

◊ Das Öl in einem großen Topf erhitzen, Zwiebel und Gemüse darin bei mittlerer Hitze 2 bis 3 Minuten andünsten. Die Hafergrütze dazugeben und kurz mitdünsten. Die Brühe dazugießen, Tomaten, Lorbeer und die Hälfte vom Majoran hinzufügen. Mit Salz und Pfeffer würzen. Alles aufkochen und bei mittlerer Hitze zugedeckt etwa 15 Minuten garen. Falls der Eintopf zu stark eindickt, noch etwas Wasser hinzufügen.

◊ Inzwischen die Würstchen schräg in etwa 1 cm breite Scheiben schneiden, unter den fertigen Eintopf mischen und etwa 5 Minuten darin erwärmen. Den Eintopf mit Salz und Pfeffer abschmecken, in tiefen Tellern oder Schalen anrichten und mit dem übrigen Majoran bestreuen.

BETA-GLUCAN INSGESAMT: 6,9 G

OMELETT MIT ZUCCHINI

Für 2 Personen
Zubereitung: 30 Minuten

5 Eier (Größe M)
60 g zarte Haferflocken
6 EL Milch (1,5 % Fett)
¼ TL Kurkumapulver
Salz, Pfeffer aus der Mühle
40 g Pecorino (am Stück)
1 kleine Zucchini (ca. 150 g)
2 Frühlingszwiebeln
2 TL Pinienkerne
2 EL Olivenöl
2 Stiele Basilikum

Pro Portion: ca. 560 kcal, 33 g EW, 34 g F, 26 g KH, 5 g BST, 1,2 g Beta-Glucan

◊ Eier, Haferflocken, Milch, Kurkuma, ¼ TL Salz und Pfeffer in einer Schüssel kräftig verrühren. Den Käse fein reiben. Zucchini putzen, waschen und in dünne Scheiben schneiden. Frühlingszwiebeln putzen, waschen und schräg in dünne Ringe schneiden. Die Pinienkerne in einer kleinen Pfanne ohne Fett bei mittlerer Hitze goldbraun anrösten. Vom Herd nehmen und abkühlen lassen.

◊ Den Backofen auf 100 °C vorheizen. In einer Pfanne (24 cm Ø) 1 EL Öl erhitzen, die Hälfte der Zucchinischeiben und Frühlingswiebeln darin bei mittlerer Hitze etwa 3 Minuten braten. Mit Salz und Pfeffer würzen. Die Hälfte der Eiermischung darüber verteilen und mit der Hälfte des Käses bestreuen. Das Omelett bei schwacher bis mittlerer Hitze zugedeckt 2 bis 3 Minuten stocken lassen, dann zusammenklappen und zugedeckt weitere 2 Minuten garen. Das fertige Omelett auf einen Teller gleiten lassen und im Ofen warm halten.

◊ Die restlichen Zucchini und Frühlingszwiebeln und die übrige Eiermischung mit dem restlichen Öl auf dieselbe Weise zu einem zweiten Omelett braten. Das Basilikum waschen, trocken tupfen und die Blätter abzupfen. Zum Servieren die Omeletts mit den Pinienkernen und den Basilikumblättern bestreuen.

HAFER-GAZPACHO MIT MOZZARELLA

Für 2 Personen
Zubereitung: 30 Minuten
Kühlen: 1 Stunde

---

150 g Salatgurke
1 gelbe Spitzpaprikaschote (ca. 100 g)
150 g Tomaten
1 kleine rote Zwiebel
1 Knoblauchzehe
1 rote Peperoni
40 g zarte Haferflocken
300 ml Tomatensaft
¼ l kalte Gemüsebrühe
2 EL Olivenöl
2 EL Rotweinessig
Salz, Pfeffer aus der Mühle
100 g Mini-Mozzarellakugeln
(mind. 45 % Fett i.Tr.)
1 EL kernige Haferflocken

Pro Portion: ca. 410 kcal, 15 g EW, 25 g F,
27 g KH, 6 g BST, 1 g Beta-Glucan

◊ Die Gurke putzen, schälen, längs halbieren und entkernen. Die Paprikaschote längs halbieren, entkernen und waschen. Tomaten waschen, vierteln und entkernen, dabei die Stielansätze entfernen. Jeweils ein Drittel des vorbereiteten Gemüses zugedeckt kühl stellen. Das übrige Gemüse in grobe Stücke schneiden. Die Zwiebel und den Knoblauch schälen und fein würfeln. Die Peperoni längs halbieren, entkernen, waschen und in feine Streifen schneiden.

◊ Gemüsestücke, Zwiebel, Knoblauch und Peperoni mit den zarten Haferflocken in den Küchenmixer geben. Tomatensaft, Brühe, Öl und Essig hinzufügen. Alles erst auf kleiner, dann auf höchster Stufe fein pürieren. Mit Salz und Pfeffer würzen und die Gazpacho zugedeckt 1 Stunde kühl stellen.

◊ Vor dem Servieren den Mozzarella in einem Sieb gut abtropfen lassen, die Kugeln je nach Größe ganz lassen oder halbieren. Das beiseitegestellte Gemüse in feine Würfel schneiden. Die Gazpacho in Schalen oder tiefe Teller füllen und den Mozzarella darauf verteilen. Mit den kernigen Haferflocken und den Gemüsewürfeln bestreuen.

BUNTE HAFER-FLOCKEN-PIZZA

Für 2 Personen
Zubereitung: 25 Minuten
Backen: 2 x 17–20 Minuten

250 g zarte Haferflocken
3 EL Olivenöl
1 TL Weinstein-Backpulver
Salz
1 Knoblauchzehe
250 ml passierte Tomaten (aus der Dose)
1 TL getrockneter Oregano
Pfeffer aus der Mühle
70 g kleine Champignons
1 kleine gelbe Paprikaschote (ca. 150 g)
40 g Rucola
30 g Parmesan (am Stück)

Pro Portion: ca. 710 kcal, 26 g EW, 28 g F, 81 g KH, 16 g BST, 5 g Beta-Glucan

◊ Die Haferflocken im Küchenmixer oder Blitzhacker zu Mehl mahlen. Das Hafermehl in eine Schüssel geben, ¼ l lauwarmes Wasser, 2 EL Öl, Backpulver und ¼ TL Salz hinzufügen und mit den Knethaken des Handrührgeräts zu einem glatten Teig verkneten. Etwa 10 Minuten quellen lassen.

◊ Den Backofen auf 220 °C vorheizen. Den Knoblauch schälen und in feine Würfel schneiden, mit Tomaten, Oregano, Salz und Pfeffer verrühren. Den Teig in 2 gleich große Portionen teilen, rundum mit dem übrigen Öl bestreichen und auf je einem mit Backpapier belegten Backblech zu einem runden Pizzaboden von jeweils etwa 25 cm Ø ausrollen. Die Pizzasauce gleichmäßig auf den Teigböden verstreichen.

◊ Die Pilze putzen, trocken abreiben und in feine Scheiben schneiden. Paprikaschote längs halbieren, entkernen, waschen und in feine Streifen schneiden. Pilze und Paprika auf den Pizzaböden verteilen und die Pizzen nacheinander im Ofen auf der mittleren Schiene 17 bis 20 Minuten backen.

◊ Rucola verlesen, waschen und trocken schleudern. Den Parmesan mit dem Sparschäler in Späne hobeln. Pizzen jeweils aus dem Ofen nehmen und etwa 5 Minuten ausdampfen lassen. Zum Servieren mit Rucola und Parmesan bestreuen.

BETA-GLUCAN INSGESAMT: 7,2 G

ERDBEER-CHIAPUDDING

Für 2 Personen
Zubereitung: 15 Minuten
Quellen: 6 Stunden (über Nacht)

200 g Erdbeeren
100 ml Milch (1,5 % Fett)
100 g kernige Haferflocken
200 ml ungesüßter Kokosdrink
2 TL flüssiger Honig
1 TL Limettensaft
40 g Chiasamen
1 Kiwi
2 EL Kokoschips

Pro Portion: ca. 475 kcal, 17 g EW, 18 g F, 51 g KH, 19 g BST, 2 g Beta-Glucan

◊ Am Vorabend die Erdbeeren waschen und putzen, die Hälfte der Beeren zum Garnieren beiseitelegen. Die übrigen Beeren grob zerteilen und mit der Milch in einem hohen Rührbecher mit dem Stabmixer fein pürieren. Die Haferflocken unterrühren. Den Erdbeermix auf hohe Gläser verteilen und etwa 10 Minuten quellen lassen.

◊ Inzwischen für den Chiapudding Kokosdrink, Honig, Limettensaft und Chiasamen in einer Schüssel verrühren und etwa 10 Minuten quellen lassen. Dann nochmals durchrühren und vorsichtig auf dem Erdbeermix in die Gläser verteilen und zugedeckt mindestens 6 Stunden, am besten über Nacht, im Kühlschrank quellen lassen.

◊ Am nächsten Tag die übrigen Erdbeeren je nach Größe halbieren oder vierteln. Die Kiwi schälen und in kleine Würfel schneiden. Früchte auf dem Flocken-Chiapudding verteilen und mit je 1 EL Kokoschips bestreuen.

Dr. Riedls Gesundheitstipp:

Chiasamen und Haferflocken enthalten lösliche Ballaststoffe, die im Magen und Darm aufquellen und eine Art Gelschicht bilden, die zu einem angenehmen Sättigungsgefühl führt und sich wie ein Schutzfilm über die Magen- und Darmschleimhäute legt. Perfekt bei Magen-Darm-Beschwerden, Reizmagen oder Sodbrennen.

MATJESTATAR AUF HAFERBROT

Für 2 Personen
Zubereitung: 30 Minuten

125 g Matjesfilets
½ Bund Radieschen (ca. 125 g)
1 Frühlingszwiebel
2 Cornichons (ca. 30 g)
60 g saure Sahne (10 % Fett)
Salz, Pfeffer aus der Mühle
½ kleiner Apfel (ca. 50 g; z. B. Elstar)
3 Scheiben Hafer-Nuss-Brot ohne Mehl
(à ca. 60 g; Rezept Seite 39)

Pro Portion: ca. 490 kcal, 19 g EW, 30 g F,
30 g KH, 8 g BST, 1,5 g Beta-Glucan

◊ Die Matjesfilets trocken tupfen, in feine Würfel schneiden und in eine Schüssel geben. Von dem Radieschenbund 1 Handvoll zarte Blätter abzupfen und beiseitelegen, die Radieschen putzen, waschen und in kleine Würfel schneiden. Die Frühlingszwiebel putzen und waschen, das Weiße und Hellgrüne in feine Würfel schneiden. Die Cornichons klein würfeln. Alles zum Matjes geben, die saure Sahne hinzufügen, salzen und pfeffern. Gut mischen und etwa 10 Minuten ziehen lassen.

◊ Inzwischen den Apfel waschen, halbieren, entkernen und in dünne Spalten schneiden. Das zarte Radieschengrün waschen, gut trocken schütteln und – bis auf einige Blätter zum Garnieren – fein hacken und unter das Matjestatar heben. Tatar mit Salz und Pfeffer würzen.

◊ Brotscheiben jeweils diagonal halbieren und kurz toasten. Zuerst die Apfelspalten, dann das Matjestatar auf den Brotecken verteilen und mit den übrigen Radieschenblättern garnieren.

Dr. Riedls Gesundheitstipp:

Das Brot ist reich an Haferkleieflocken, die mit einem besonders hohen Gehalt an Beta-Glucan punkten. Bereits 100 Gramm enthalten 6,3 bis 7,5 Gramm – und damit fast doppelt so viel wie klassische Haferflocken. Das belohnt der Körper mit einer fitten Darmflora und einem ausgeglichenen Blutzucker- und Cholesterinspiegel.

FRÜHLINGSGEMÜSE-HAFER-RISOTTO

Für 2 Personen
Zubereitung: 45 Minuten
Quellen: über Nacht

---

150 g ganze Haferkörner
½ l Gemüsebrühe
2 Schalotten, 1 Knoblauchzehe
4 EL Olivenöl
50 g ital. Hartkäse
(z. B. Grana padano; am Stück)
1 Kohlrabi (ca. 300 g)
250 g grüner Spargel
150 g Staudensellerie
Salz, Pfeffer aus der Mühle
50 g junger Blattspinat
100 g Hafersahne („Creme Cuisine") oder
Hafercreme (selbst gemacht; siehe Seite 33)

Pro Portion: ca. 710 kcal, 23 g EW, 41 g F,
54 g KH, 13 g BST, 2,9 g Beta-Glucan

◊ Am Vorabend die Haferkörner in 300 ml
kaltem Wasser über Nacht einweichen. Am
nächsten Tag abgießen und abtropfen lassen.

◊ Die Brühe erhitzen. Die Schalotten und
den Knoblauch schälen und in feine Würfel
schneiden. In einem breiten Topf 2 EL Öl

erhitzen, Schalotten und Knoblauch darin
unter Rühren 2 bis 3 Minuten anbraten. Den
Hafer dazugeben und kurz mitbraten. Nach
und nach die heiße Brühe dazugießen und
immer wieder einkochen lassen, bis sie auf-
gebraucht und der Hafer bissfest ist. Das
dauert 20 bis 25 Minuten.

◊ Den Käse fein reiben. Den Kohlrabi putzen, schälen und in 1 bis 2 cm große Würfel
schneiden. Spargel waschen, nur im unteren
Drittel schälen und die holzigen Enden abschneiden, dann den Spargel schräg in etwa
1 cm breite Stücke schneiden. Den Sellerie
putzen, waschen und in Scheiben schneiden. Das übrige Öl in einer Pfanne erhitzen.
Kohlrabi, Spargel und Sellerie darin bei mittlerer Hitze unter gelegentlichem Rühren
5 bis 7 Minuten dünsten. Leicht mit Salz und
Pfeffer würzen.

◊ Den Spinat verlesen, waschen und trocken schleuern. Erst die Hafersahne oder
-creme und die Hälfte des Käses unter den
Risotto rühren, dann die Gemüsemischung
und den Spinat unterheben und alles bei
mittlerer Hitze noch 1 bis 2 Minuten köcheln
lassen. Den Risotto mit Salz und Pfeffer abschmecken, in tiefen Tellern anrichten und
mit dem übrigen Käse bestreuen.

BETA-GLUCAN INSGESAMT: 6,4 G

BAKED OATMEAL MIT PAPAYA

Für 2 Personen
Zubereitung: 15 Minuten
Backen: 20 Minuten

---

100 g tiefgekühlte Brombeeren
20 g Mandelkerne
100 g zarte Haferflocken
15 g Kokosraspel
1 EL geschroteter Leinsamen
½ TL Zimtpulver
½ TL Ingwerpulver
200 ml Milch (1,5 % Fett; ersatzweise
ungesüßter Haferdrink)
1 EL flüssiger Honig
1 TL natives Kokosöl
200 g Papaya
150 g Soja-Joghurtalternative mit Kokos

Pro Portion: ca. 530 kcal, 16 g EW, 24 g F,
56 g KH, 12 g BST, 2 g Beta-Glucan

◊ Den Backofen auf 180 °C vorheizen. Die Brombeeren etwa 10 Minuten antauen lassen, dann größere Beeren nach Belieben quer halbieren. Die Mandeln hacken, mit den Haferflocken, 10 g Kokosraspeln, Leinsamen, Zimt und Ingwer in einer Schüssel am besten mit einem Schneebesen mischen.

Die Milch, den Honig und die Brombeeren hinzufügen, alle Zutaten gut vermengen.

◊ Mit dem Öl eine kleine Auflaufform (etwa 15 x 20 cm) einfetten. Die Hafer-Brombeer-Mischung darin verteilen und im Ofen auf der mittleren Schiene etwa 20 Minuten goldbraun backen.

◊ Papaya entkernen, schälen und in etwa 1 cm große Würfel schneiden. Die Baked Oats aus dem Ofen nehmen und kurz ruhen lassen. Danach die Papayawürfel und die übrigen Kokosraspel darauf verteilen. Die Joghurtalternative mit Kokos dazu servieren.

Küchentipp:
Frühstück to go: Baked Oatmeal abkühlen lassen, damit es fester wird, und dann ganz einfach in Riegel schneiden.

HAFER-TABOULÉ MIT FETA

Für 2 Personen
Zubereitung: 30 Minuten

¼ l Gemüsebrühe
125 g Haferschrot
(ersatzweise ganze Haferkörner)
½ Salatgurke (ca. 200 g)
2 Tomaten, 2 dünne Frühlingszwiebeln
1 Bund Petersilie
3 Stiele Minze
2 EL Zitronensaft, Salz
¼ TL Pul Biber (scharfe Paprikaflocken)
1 TL flüssiger Honig
2 EL Olivenöl
100 g Feta (mind. 45 % Fett i.Tr.)

Pro Portion: ca. 540 kcal, 17 g EW, 29 g F,
46 g KH, 10 g BST, 2,4 g Beta-Glucan

◊ Die Brühe in einem Topf aufkochen. Den Haferschrot (oder alternativ in einer Getreidemühle, im Blitzhacker oder im Küchenmixer grob geschrotete Haferkörner) einstreuen und zugedeckt bei schwacher Hitze etwa 20 Minuten garen. Anschließend offen lauwarm abkühlen lassen.

◊ Die Gurke putzen, waschen, längs halbieren, entkernen und in kleine Würfel schneiden. Die Tomaten waschen und vierteln, dabei die Stielansätze entfernen. Die Tomatenviertel in kleine Würfel schneiden. Die Frühlingszwiebeln putzen, waschen und in feine Ringe schneiden. Die Kräuter waschen und trocken schütteln, die Blätter abzupfen und fein hacken.

◊ Den Zitronensaft mit Salz, Pul Biber, Honig und Öl in einer Schüssel gut verrühren. Den gequollenen Haferschrot, Gurke, Tomaten, Frühlingszwiebeln und Kräuter dazugeben und alles gut vermischen, eventuell noch mal nachwürzen. Das Taboulé in Schalen anrichten und mit dem zerbröselten Feta bestreuen.

Küchentipp:
Das Taboulé kann man gut am Vortag zubereiten (z. B. zum Mitnehmen ins Büro) und über Nacht im Kühlschrank zugedeckt durchziehen lassen. Dann schmeckt es sogar noch aromatischer!

FISCH-NUGGETS MIT SPINAT

Für 2 Personen
Zubereitung: 45 Minuten

360 g Seelachsfilet
1 Ei (Größe M)
2 EL Milch (1,5 % Fett)
Salz, Pfeffer aus der Mühle
80 g kernige Haferflocken
20 g Dinkelvollkornmehl
300 g kleine festkochende Kartoffeln
(z. B. Drillinge)
4 EL Olivenöl
2 EL geschälte Sesamsamen
½ TL Pul Biber (scharfe Paprikaflocken)
500 g junger Blattspinat
2 Schalotten
1 Knoblauchzehe
frisch geriebene Muskatnuss
2 TL Butter
½ Bio-Zitrone

Pro Portion: ca. 830 kcal, 57 g EW, 37 g F, 59 g KH, 12 g BST, 3,2 g Beta-Glucan

◊ Den Backofen auf 200 °C vorheizen. Das Fischfilet waschen, trocken tupfen und in etwa 3 cm große Stücke schneiden. Ei und Milch in einem tiefen Teller verquirlen, mit Salz und Pfeffer würzen. Die Haferflocken im Blitzhacker mittelfein zerkleinern und in einen tiefen Teller geben. Das Mehl ebenfalls in einen tiefen Teller geben.

◊ Kartoffeln gründlich waschen, trocken reiben und mit Schale längs vierteln. In einer Schüssel mit 2 EL Öl, Sesam, Salz und Pul Biber mischen und auf einer Hälfte eines Backblechs verteilen. Im Ofen auf der mittleren Schiene etwa 10 Minuten vorbacken.

◊ Die Fischstücke mit Salz und Pfeffer würzen. Erst im Mehl wenden, dann durch das Ei ziehen und mit den Haferflocken panieren. Neben den Kartoffeln auf das Blech geben, mit 1 EL Öl beträufeln und bei gleicher Einstellung im Ofen weitere 15 Minuten backen.

◊ Inzwischen den Spinat verlesen, waschen und trocken schleudern. Schalotten und Knoblauch schälen, in feine Würfel schneiden und im restlichen Öl in einer großen Pfanne bei mittlerer Hitze etwa 2 Minuten andünsten. Den Spinat nach und nach dazugeben und mitdünsten, bis er zusammengefallen ist. Mit Salz, Pfeffer und Muskatnuss würzen. Die Butter dazugeben und zerlassen. Die Nuggets mit den Kartoffeln und dem Spinat anrichten. Die Zitrone waschen, in Spalten schneiden und dazu servieren.

BETA-GLUCAN INSGESAMT: 7,6 G

HAFERFLOCKEN-SHAKES

Wer es morgens eilig oder keinen großen Hunger hat, wird unsere Müsli-Drinks lieben.
Sie machen satt und fit für den Tag – und man kann sie mit wenig Aufwand und
Zutaten im Nu mixen. Die Shakes eignen sich auch perfekt zum Mitnehmen.

BLAUBEER-SHAKE MIT QUARK

Für 2 Gläser (à ca. 450 ml): 150 g tiefgekühlte Blaubeeren in den Küchenmixer
geben und 10 Minuten antauen lassen.
100 g zarte Haferflocken, 2 TL Leinsamen,
1 EL dunkles Mandelmus, 100 g Magerquark und 1 TL Zitronensaft dazugeben.
Mit ½ l Milch (1,5 % Fett) aufgießen und
alles erst auf kleiner, dann auf höchster
Stufe feincremig pürieren. Falls der Drink
zu dickflüssig ist, noch 50 ml kaltes Wasser
dazugießen und erneut mixen. In Gläser
füllen und sofort servieren.

Pro Glas: ca. 460 kcal, 25 g EW, 15 g F,
50 g KH, 10 g BST, 2 g Beta-Glucan

Dr. Riedls Gesundheitstipp:

Greifen Sie unbedingt zu, wenn Sie im Bioladen tiefgekühlte Wild-Heidelbeeren entdecken! Sie schmecken aromatischer als
Kultur-Blaubeeren und gelten als gesünder,
weil sie mehr Anthocyane enthalten. Diese
blauen Farbstoffe können im Körper Entzündungen bekämpfen.

GRÜNER POWER-FLOCKEN-SMOOTHIE MIT CHIASAMEN

Für 2 Gläser (à ca. 450 ml): 50 g jungen Blattspinat verlesen, waschen und abtropfen lassen. 1 Kiwi schälen und in Würfel schneiden. 1 kleine Avocado (etwa 170 g) halbieren und den Kern entfernen, das Fruchtfleisch mit einem Löffel aus der Schale lösen und grob zerkleinern. Alle vorbereiteten Zutaten mit 80 g zarten Haferflocken, 1 EL Chiasamen, 2 EL Limettensaft sowie 2 TL Ahornsirup in den Küchenmixer geben. Mit 300 ml ungesüßtem Sojadrink und 200 ml kaltem Wasser auffüllen. Erst auf kleiner, danach auf höchster Stufe feincremig pürieren. Den Drink in Gläser füllen und sofort servieren.

Pro Glas: ca. 370 kcal, 14 g EW, 15 g F, 38 g KH, 13 g BST, 1,6 g Beta-Glucan

FRUCHTIGER KURKUMA-FLOCKEN-SHAKE

Für 2 Gläser (à ca. 350 ml): 80 g kernige Haferflocken in den Küchenmixer geben und fein schroten. 1 Orange schälen und in Stücke schneiden. 1 kleine reife Birne (etwa 130 g; z. B. Gute Luise) waschen, vierteln, entkernen und klein schneiden. 10 g Ingwer schälen und in feine Würfel schneiden. Die vorbereiteten Zutaten mit ½ TL Kurkumapulver und ¼ TL Zimtpulver zu den Haferflocken in den Mixer geben. Mit 300 ml Buttermilch (max. 1,5 % Fett) aufgießen. Alles erst auf kleiner, dann auf höchster Stufe feincremig pürieren. Falls der Drink zu dickflüssig ist, noch etwas Wasser untermixen.

Pro Glas: ca. 300 kcal, 12 g EW, 4 g F, 47 g KH, 8 g BST, 1,6 g Beta-Glucan

HAFERFLOCKEN-HONIG-EIS MIT BEEREN

Für 4 Personen (ca. ½ l)
Zubereitung: 30 Minuten
Abkühlen: 1 Stunde
Gefrieren: 30–35 Minuten (Eismaschine)
oder 3–4 Stunden (Tiefkühlfach)

¼ l Milch (1,5 % Fett)
150 g Sahne
80 g flüssiger Honig
2 EL brauner Rohrohrzucker
½ TL gemahlene Vanille
1 TL Johannisbrotkernmehl
60 g zarte Haferflocken
20 g Pinienkerne
300 g tiefgekühlte Blaubeeren
1 Msp. Zimtpulver

Pro Portion: ca. 350 kcal, 7g EW, 17 g F,
39 g KH, 6 g BST, 0,6 g Beta-Glucan

◊ Milch, Sahne und 50 g Honig in einen Topf geben. Zucker, Vanille und ½ TL Johannisbrotkernmehl mischen und mit dem Schneebesen unter die Honigmilch rühren. Die Mischung unter Rühren aufkochen lassen, bis sie leicht andickt, danach mit dem Schneebesen kräftig schlagen. Die Eismasse etwa 1 Stunde abkühlen lassen.

◊ Inzwischen die Haferflocken in einer Pfanne ohne Fett bei mittlerer Hitze etwa 5 Minuten goldbraun rösten. Auf einem Teller abkühlen lassen. Die Pinienkerne in derselben Pfanne ohne Fett bei mittlerer Hitze goldbraun rösten und ebenfalls auf einem Teller abkühlen lassen.

◊ Die Eismasse in die Eismaschine füllen und 30 bis 35 Minuten cremig gefrieren lassen. Oder in einer Schüssel ins Tiefkühlfach stellen und unter gelegentlichem Rühren 3 bis 4 Stunden gefrieren lassen. Die gerösteten Haferflocken kurz vor Ende des Gefriervorgangs in die Eismaschine geben bzw. unter die Eismasse rühren. Das fertige Eis in eine Gefrierbox füllen und ins Gefrierfach stellen.

◊ Währenddessen die Blaubeeren auftauen lassen. 250 g Blaubeeren mit dem restlichen Honig, Zimt und ½ TL Johannisbrotkernmehl pürieren. Die übrigen Beeren untermischen. Vor dem Servieren von dem Hafer-Honig-Eis 8 Kugeln abstechen. Die Eiskugeln und die Beerensauce in vorgekühlte Eisschalen oder -becher geben und mit den gerösteten Pinienkernen bestreuen.

Küchentipp:
Für eine vegane Variante Milch und Sahne durch Haferdrink und Hafercreme ersetzen und statt Honig Ahornsirup verwenden.

MANGO-CRUNCHY-DESSERT

Für 4 Personen
Zubereitung: 30 Minuten
Backen: 20 Minuten

---

50 g gemischte Nusskerne (z. B. Hasel-,
Cashew-, Walnuss-, Mandelkerne)
75 g kernige Haferflocken
10 g Kakaopulver (schwach entölt)
1 EL Rapsöl
2 TL Ahornsirup
25 g Zartbitterschokolade
(mind. 70 % Kakaoanteil)
1 Bio-Limette
1 große Mango (ca. 500 g)
250 g Magerquark
100 g Naturjoghurt (1,5 % Fett)
½ TL gemahlene Vanille
einige Minzeblätter zum Garnieren

Pro Portion: ca. 340 kcal, 16 g EW, 14 g F,
34 g KH, 6 g BST, 0,7 g Beta-Glucan

◊ Den Backofen auf 180 °C vorheizen. Die Nüsse grob hacken, mit Haferflocken, Kakao, Öl und Ahornsirup in einer Schüssel gut vermischen. Die Mischung auf einem mit Backpapier belegten Backblech verteilen und im Ofen auf der mittleren Schiene etwa 20 Minuten backen, nach der Hälfte der Zeit gut durchmischen. Das Granola lauwarm abkühlen lassen. Die Schokolade hacken und unterheben.

◊ Limette heiß waschen, trocken reiben, die Schale fein abreiben und den Saft auspressen. Die Mango schälen und das Fruchtfleisch in dicken Scheiben rundum vom Stein schneiden. Die Hälfte des Fruchtfleischs in etwa 1 cm große Würfel schneiden, den Rest grob schneiden und mit Limettensaft und –schale in einem hohen Rührbecher mit dem Stabmixer pürieren. Die Mangowürfel unterheben.

◊ Den Quark mit dem Joghurt und der Vanille verrühren. Drei Viertel des Schoko-Granolas, die Quarkmasse und das Mangopüree in Gläser (à ca. 200 ml Inhalt) schichten. Mit dem restlichen Schoko-Granola abschließen und mit Minze garnieren.

KNUSPERSCHÄLCHEN MIT OBSTSALAT

Für 4 Personen
Zubereitung: 40 Minuten
Backen: 15–17 Minuten
Abkühlen: 1 Stunde

1 Banane, 2 EL gehackte Mandeln
50 g kernige Haferflocken
½ TL Zimtpulver
1 EL natives Kokosöl
2 EL brauner Rohrohrzucker
Öl für die Form
1 kleiner säuerlicher Apfel (z. B. Elstar)
2 Kiwis, 2 Clementinen
100 g dunkle Weintrauben
500 g Joghurt nach griech. Art (5 % Fett)

Pro Portion: ca. 330 kcal, 6 g EW, 15 g F,
37 g KH, 6 g BST, 0,5 g Beta-Glucan

◊ Den Backofen auf 180 °C vorheizen. Die Banane schälen, in grobe Stücke schneiden und mit einer Gabel zu feinem Mus zerdrücken. Mit Mandeln, Haferflocken und Zimt mischen. Das Kokosöl und den Zucker in einem Topf schmelzen, über den Bananenmix gießen und gut vermischen.

◊ Vier Mulden eines Muffinblechs mit Öl einfetten. Den Teig darin verteilen, am Boden und Rand festdrücken. Im Ofen auf der mittleren Schiene 15 bis 17 Minuten backen. Die Schälchen in der Form abkühlen lassen, dann vorsichtig herauslösen.

◊ Apfel waschen, vierteln, entkernen und in kleine Stücke schneiden. Kiwis schälen, längs vierteln und in Scheiben schneiden. Clementinen schälen und in Spalten teilen. Trauben waschen, von den Stielen zupfen und halbieren. Früchte vorsichtig mischen. Die Knusperkörbchen auf Desserttellern anrichten. Den Joghurt in die Schälchen füllen, ein Drittel des Obstsalats darauf verteilen und den Rest daneben anrichten.

ROTE-GRÜTZE-CRUMBLE

Für 4 Personen
Zubereitung: 30 Minuten
Backen: 30 Minuten

---

65 g Butter
400 g tiefgekühlte Beerenmischung
(z. B. Erdbeeren, Blaubeeren, Himbeeren, Johannisbeeren)
200 g tiefgekühlte Sauerkischen
(entsteint)
2 EL Ahornsirup
80 g kernige Haferflocken
25 g Mandelmehl
25 g gehackte Mandeln
2 EL brauner Rohrohrzucker
½ TL Zimtpulver
Salz
300 g Naturjoghurt (3,5 % Fett)
2 EL dunkles Mandelmus
¼ TL gemahlene Vanille

Pro Portion: ca. 520 kcal, 12 g EW, 32 g F,
41 g KH, 6 g BST, 0,8 g Beta-Glucan

◊ Den Backofen auf 200 °C vorheizen. Eine Auflaufform (etwa 20 x 30 cm) mit 1 TL Butter einfetten. Die Beeren und die Kirschen in der Form verteilen, mit dem Ahornsirup beträufeln und antauen lassen.

◊ Inzwischen für die Streusel Haferflocken, Mehl, Mandeln, Zucker, Zimt und 1 Prise Salz in einer Schüssel mischen. Die übrige Butter in Stückchen dazugeben und alles mit den Knethaken des Handrührgeräts oder mit den Händen rasch zu Streuseln verkneten. Die Streusel auf den Früchten in der Form verteilen. Den Crumble im Ofen auf der mittleren Schiene 25 bis 30 Minuten goldbraun backen.

◊ Inzwischen den Joghurt mit dem Mandelmus und der Vanille cremig glatt rühren. Den Crumble aus dem Ofen nehmen und noch heiß oder lauwarm mit dem Mandeljoghurt servieren.

Küchentipp:
Genießen Sie den Crumble warm oder kalt als gesunde Alternative zu Kuchen, als Dessert oder auch als süßes Frühstück. Wer mag, kann das knusprige Gebäck statt mit Mandeljoghurt auch mit dem Haferflocken-Honig-Eis von Seite 112 toppen.

HAFERFLOCKEN-APFEL-BROWNIES

Für 20 Stücke
Zubereitung: 20 Minuten
Backen: 25–30 Minuten

2–3 Bananen (ca. 300 g)
200 ml ungesüßter Haferdrink (Fertigprodukt oder selbst gemacht; siehe Seite 32)
2 säuerliche Äpfel (à ca. 150 g; z. B. Elstar)
150 g zarte Haferflocken
150 g gemahlene Mandeln
20 g Kakaopulver (schwach entölt)
½ TL Weinstein-Backpulver
2 Eier (Größe M)
50 g Ahornsirup, Salz
100 g Zartbitterschokolade
(mind. 70 % Kakaoanteil)

Pro Stück: ca. 140 kcal, 5 g EW, 6 g F,
14 g KH, 3 g BST, 0,3 g Beta-Glucan

◊ Den Backofen auf 180 °C vorheizen. Den Boden einer rechteckigen Backform (etwa 20 x 25 cm) mit Backpapier auslegen. Bananen schälen und in grobe Stücke schneiden. Mit dem Haferdrink in einem hohen Rührbecher mit dem Stabmixer fein pürieren.

◊ Die Äpfel waschen, vierteln, entkernen, schälen und die Viertel fein raspeln. Die Haferflocken mit den Mandeln, dem Kakao und dem Backpulver in einer Schüssel mischen.

◊ Eier, Ahornsirup und 1 Prise Salz in einer Rührschüssel mit den Quirlen des Handrührgeräts etwa 5 Minuten cremig rühren. Das Bananenpüree und die Apfelraspel kurz unterrühren. Danach den Haferflockenmix untermischen.

◊ Die Schokolade klein hacken, etwa drei Viertel davon zum Teig geben und unterrühren. Den Teig in die vorbereitete Form füllen und glatt streichen. Mit der restlichen Schokolade bestreuen. Im Ofen auf der mittleren Schiene 25 bis 30 Minuten backen. In der Form auf einem Gitter abkühlen lassen, dann in etwa 5 x 5 cm große Würfel schneiden.

HAFERFLOCKEN-KEKSE

Für ca. 24 Stück
Zubereitung: 15 Minuten
Backen: 12 Minuten

---

125 g weiche Butter
75 g brauner Rohrohrzucker
1 Ei (Größe M)
150 g kernige Haferflocken
75 g gemahlene Haselnüsse
50 g Dinkelmehl (Type 630)
1 TL Weinstein-Backpulver
Zimtpulver
3 EL Milch (1,5 % Fett)

Pro Stück: ca. 110 kcal, 2 g EW, 7 g F,
9 g KH, 1 g BST, 0,2 g Beta-Glucan

◊ Den Backofen auf 200 °C vorheizen. Die Butter und den Zucker mit den Quirlen des Handrührgeräts dickcremig aufschlagen. Das Ei dazugeben und weiterschlagen. Die Haferflocken, die Nüsse und das Mehl mit dem Backpulver und 1 Prise Zimt in einer Schüssel mischen und nach und nach mit der Buttermasse und der Milch verrühren.

◊ Den Teig zu etwa 24 walnussgroßen Kugeln formen und mit etwa 5 cm Abstand auf ein mit Backpapier belegtes Backblech setzen. Im Ofen auf der mittleren Schiene etwa 12 Minuten backen, bis die Ränder leicht gebräunt sind.

◊ Das Blech aus dem Ofen nehmen, die noch weichen Kekse vorsichtig vom Blech auf ein Kuchengitter setzen und auskühlen lassen. Die Kekse in einer Dose zwischen Lagen von Pergamentpapier lagern. Sie halten sich etwa 4 Wochen.

MÜSLI-COOKIES MIT CRANBERRYS

Für ca. 16 Stück
Zubereitung: 30 Minuten
Backen: 12–15 Minuten

150 g zarte Haferflocken
75 g Dinkelmehl (Type 630)
Salz
50 g Haselnusskerne
50 g getrocknete Cranberrys
90 g Hagebuttenmark (Bioladen)
60 g Ahornsirup
2 EL Rapsöl

Pro Stück: ca. 120 kcal, 3 g EW, 4 g F, 16 g KH, 1 g BST, 0,4 g Beta-Glucan

◊ Die Haferflocken, das Mehl und 1 Prise Salz in eine Schüssel geben. Die Haselnüsse und Cranberrys hacken, dazugeben und alles vermischen.

◊ Den Backofen auf 180 °C vorheizen. In einer zweiten Schüssel das Hagebuttenmark mit dem Ahornsirup und dem Öl mit den Quirlen des Handrührgeräts gründlich verrühren. Den Flockenmix nach und nach unterrühren. Aus dem Teig mit angefeuchteten Händen etwa 16 kleine Kugeln formen. Mit etwas Abstand auf ein mit Backpapier belegtes Backblech setzen und leicht flach drücken.

◊ Die Müsli-Cookies im Ofen auf der zweiten Schiene von unten in 12 bis 15 Minuten goldbraun backen. Anschließend aus dem Ofen nehmen und auf einem Kuchengitter vollständig auskühlen lassen. Cookies in einer Dose zwischen Lagen von Pergamentpapier lagern. Sie halten sich 4 bis 6 Wochen.

HAFERFLOCKEN-ZWETSCHGEN-KUCHEN

Für 1 Springform (26 cm Ø; 12 Stücke)
Zubereitung: 45 Minuten
Backen: 40 Minuten

Fett für die Form
600 g Zwetschgen
250 g zarte Haferflocken
1 TL Weinstein-Backpulver
1 TL Zimtpulver
Salz
50 g Butter
200 ml Milch (1,5 % Fett)
100 g Apfelmark (aus dem Glas)
80 g flüssiger Honig
1 Ei (Größe M)
20 g gehackte Mandeln

Pro Stück: ca. 200 kcal, 5 g EW, 7 g F,
28 g KH, 3 g BST, 0,8 g Beta-Glucan

◊ Den Backofen auf 200 °C vorheizen. Den Boden der Form mit Backpapier auslegen, den Rand fetten. Die Zwetschgen waschen, längs aufschneiden, aber nicht durchschneiden und entsteinen.

◊ Die Hälfte der Haferflocken im Küchenmixer oder Blitzhacker zu Mehl mahlen. Das Hafermehl in einer Schüssel mit den restlichen Haferflocken, Backpulver, Zimt und 1 Prise Salz vermischen.

◊ Butter in einem kleinen Topf bei schwacher Hitze zerlassen. Etwas abkühlen lassen, danach in einer zweiten Rührschüssel mit der Milch, dem Apfelmark, dem Honig und dem Ei mit den Quirlen des Handrührgeräts gut verrühren. Die Haferflockenmischung unterheben und alles zu einem glatten Teig verrühren.

◊ Den Teig in die vorbereitete Form füllen und glatt streichen. Die Zwetschgen mit der Schale nach unten dachziegelartig auf den Teig legen. Den Kuchen im Ofen auf der mittleren Schiene etwa 40 Minuten backen. Etwa 15 Minuten vor Ende der Backzeit die gehackten Mandeln auf den Kuchen streuen.

◊ Den Kuchen aus dem Ofen nehmen und auf einem Kuchengitter lauwarm abkühlen lassen, dann aus der Form lösen. Dazu passt geschlagene Vanillesahne.

REZEPTREGISTER NACH HAUPTZUTATEN

ZUM AUTOR

Dr. med. Matthias Riedl ist ärztlicher Direktor der von ihm 2008 gegründeten medicum Hamburg MVZ GmbH, die einzigartig in Europa die Diabetologie mit der Ernährungsmedizin und neun angrenzenden Facharztrichtungen ganzheitlich verbindet. Der Internist, Diabetologe und Ernährungsmediziner ist außerdem als Publizist für Fachzeitschriften und Verlage, Berater für Firmen und Krankenkassen sowie als Dozent auf internationalen Kongressen und Lehrbeauftragter zweier Universitäten tätig. Im Vorstand des Bundesverbands Deutscher Ernährungsmediziner (BDEM e. V.) engagiert er sich für die Förderung der Ernährungstherapie. 2013 nahm ihn der „Focus" in seine Liste der Top-Mediziner auf.

Weitere Bücher des Autors:

→ Mein Weg zur gesunden Ernährung
→ Die neue Power-Küche
→ Die Bücher der Ernährungs-Docs

IMPRESSUM

Hinter jedem tollen Buch steckt ein starkes Team
Projektleitung: *Kathrin Ullerich*
Texte: *Bettina Snowdon*
Rezepte: *Elena Hitz*
Lektorat: *Eva-Maria Hege*
Cover, grafische Gestaltung und Satz:
ZERO Werbeagentur, München
Fotografie: *Claudia Timmann*
Foodstyling: *Pedro Torres*
Illustrationen: *Shutterstock*
Porträtfotos: *Andreas Sibler*
Herstellung: *Frank Jansen*
Producing: *Jan Russok*
Druck & Bindung: *optimal media GmbH, Röbel*

12. Auflage 2025
© 2023 Edel Verlagsgruppe GmbH,
Neumühlen 17, 22763 Hamburg
ISBN: 978-3-96584-313-4
Redaktionsanschrift:
ZS, Edel Verlagsgruppe GmbH,
Kaiserstraße 14b, 80801 München
www.zsverlag.de/kontakt
www.edelverlagsgruppe.de/kontakt

LIEBE LESER, LIEBE LESERINNEN

wie schön, dass Sie ein Buch von ZS in den Händen halten. „jetzt leben!" ist das Motto unseres Verlages. Es steht für Genuss und Inspiration, Unterstützung und Motivation. Ob Kulinarik oder Fitness, Gesundheit oder Lebenshilfe — seit über 30 Jahren bieten wir kompetente Ratgeber für (fast) alle Lebenslagen. Wir lieben Tradition genauso wie Innovation — sie treiben uns an. Unsere Autorinnen und Autoren sind Menschen, die zu ihrem Thema wirklich etwas zu sagen und zu schreiben haben. Unsere Produkte sind erzählerisch, appetitmachend und als gedruckte Bücher haptisch echte Erlebnisse. Für Sie mit ganz viel Liebe gemacht! Entdecken Sie mehr aus unserer wunderbaren Welt!

UNSER VERLAGSHAUS

Mit Standorten in Hamburg und München zählt die Edel Verlagsgruppe zu den größten unabhängigen Buchanbietern Deutschlands. Zur Gruppe gehören die Verlage Dr. Oetker Verlag, Edel Sports, KARIBU und ZS.

ZS – Ein Verlag der Edel Verlagsgruppe
www.zsverlag.de
www.facebook.com/zsverlag
www.instagram.com/zsverlag

HINWEIS

Klartext in Ernährungsfragen

Matthias Riedl
Mein Weg zur gesunden
Ernährung

ISBN 978-3-96584-075-1

Wissen auf den Punkt gebracht